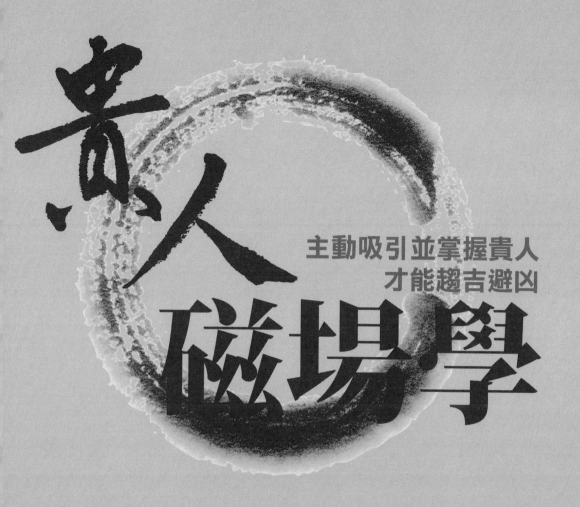

貴人磁場學

主動吸引並掌握貴人
才能趨吉避凶

從姓名筆劃判斷貴人在哪裡？

藉由姓名筆劃的簡單計算和數字，
把無形的貴人磁場量化，
才能眞正提升自己的貴人運勢，
盡早成爲人生的勝利組。

◆光從名片就可一眼判定貴人是否在眼前。
◆以古今實例解說貴人人脈的開啓與運用。
◆易讀易懂，詳細圖解。
◆第一本以科學方式將「貴人」具體量化。

目錄

前言

讀萬卷書，行萬里路，不如貴人指路

中國人都喜歡貴人，貴人是什麼？廣義的說是有權、有勢、有財、有名之人均稱貴人，而狹義的說：凡對我有幫助的人，一律稱「貴人」。廣義的貴人對我們不見得有用，例如叱吒風雲，權傾當下的政治或企業界的領導人，他們無疑是貴人，但不見得會幫我們。所以掌握狹義的貴人對我們而言是最重要的，如下圖。狹義貴人又可分：有貴人磁場與無貴人磁場兩種；前者有如「朝中有人好做官」的順遂前行，也是本書的重點；後者並非意味著朝中無人就做不了官，但需在曠日廢時的經營與付出後，也不保證有官能做；或即使做了

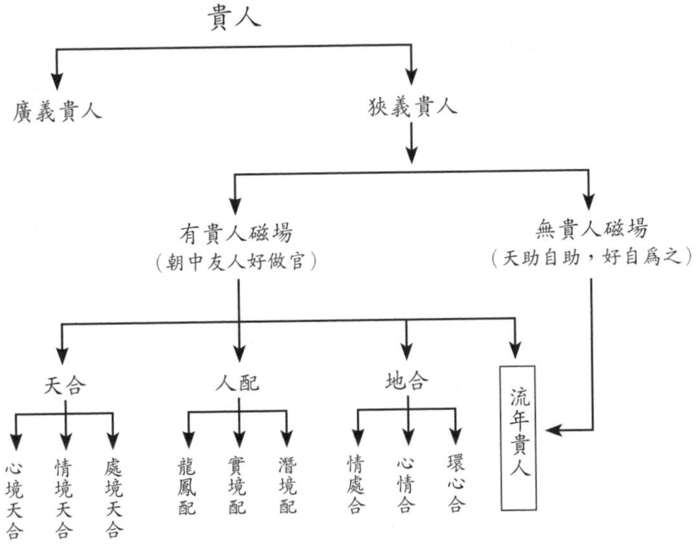

官，也不敢保證能做多久，此類型在所有從古到今成功的案例中不超過15%或更少。無貴人磁場的經營與付出其技術含量很高，除了必須配合雙方的五行架構外，流年的掌握與運作十分重要，否則易徒勞無功，故本書不加贅述，將另闢專篇論述之。

貴人磁場分三大區塊：天合、人配、地合。另有一自由區稱流年貴人，它不限於有貴人磁場或無貴人磁場者一律皆可利用，利用得宜，剎那即是永恆。

貴人磁場學係依據陰陽的對立、轉化、消長、相互依存與互爲根本所演繹出的磁場學，筆者盡其所能的將所有艱澀的字眼，改以淺顯易懂的現代筆法闡述。同性相斥，異性相吸這是物理學的磁場，然而在人與人之間則都存在的一種同中存異、異中求同的磁場，如同太極，白中有黑，黑中含白般的循環，如何掌握、經營及運用則是現代人邁向成功之路必修的課題。

貴人磁場學也是貴人量化學

本書提供了如何開發或發覺你的貴人，是一種有邏輯的科學；是一種既快速且能讓你事半功倍的工具，讀者必能有當頭棒喝、耳目一新的受益。

這是一部將「貴人」具體量化的工具書，它不再是教條式的填鴨，也不是天馬行空、怪力亂神的胡言亦不是一部天書，讓你丈二金剛摸不到頭腦，霧裡看花卻不知所云。

《貴人磁場學》是一部教你如何截彎取直，避免浪費無謂的時光，書中以古鑑今的成功者與失敗者之實例甚多，上自叱吒風雲、權傾一時的達官顯要，下至庶民百姓、販夫走卒等，筆者都將一一地闡述這天地間隱含著玄妙的磁場學。

第 1 章

尋找貴人之門的鑰匙

工欲善其事，必先利其器

欲將工作做好，先將工具磨利。同樣地，欲想打開貴人之門，必須要有鑰匙，在尋找鑰匙時，所需的工具是不可或缺的，接下來介紹在尋找過程中需要使用的工具。

工具一：六境

關於六境的含意

環境：凡造就我，庇佑我者稱之。代表自己與父母、長輩、長官、師長等之互動關係，司掌上層人際關係與自己的思維邏輯。

心境：代表現實的欲望，掌管心態、企圖心及性格特質。它類似於弗洛伊德的人格結構理論中的「自我」（ego），是面對現實的我，它是通過後天的學習和環境的接觸發展出來的。

情境：感情之地，掌管三情一位，三情即**親情**、**愛情**、**友情**；親情代表自己的兒女、兄弟、姊妹；愛情代表夫妻或男女朋友之情；友情代表同事、朋友或合夥人等；一位爲財位，主管理財與財理之責。

處境：自身所處之境地，司掌三境（環境、心境、情境），代表自己的舞台及一生的運勢。

實境：眞實的境地，司掌外在的表現，由自然界主要的五個元素：金、水、木、火、土組合而成。它類似弗洛伊德的人格結構理論所說的「超我」（super-ego），是經過道德化後的我，它是受家庭環境及對父母道德行爲的認同，對社會示範的仿效等等之影響而逐漸形成，進而反應到實境的表現上。

潛境：潛意識下的思想境地，它隱含三種意義：一是潛藏在內心深處的一種性格；二是關鍵時刻的反應與舉措；三是潛意識的喜好或欲望。惟第三項的潛意識喜好或欲望的意涵，類似於弗洛伊德的人格結構理論所說的「本我」（id）——本能的我，完全處於潛意識之中，一種本能性被壓抑的喜好或欲望蘊藏其中。

六境的基本架構

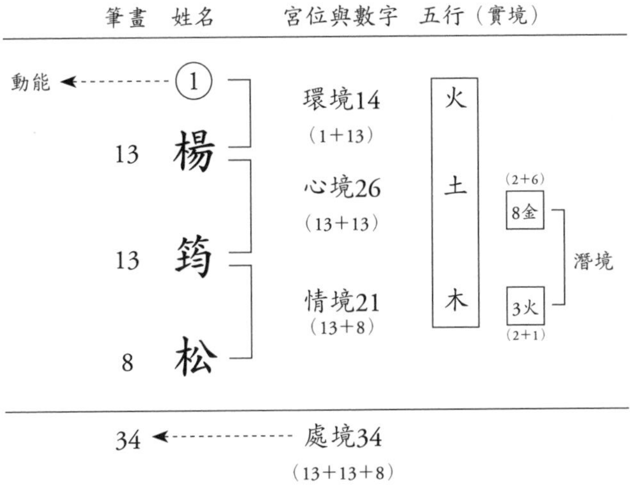

以「楊筠松」之名為例：

環境：由姓「楊」的筆畫數加上天動能「1」[註1]（13＋1＝14）。

心境：由姓「楊」的筆畫數加上名字第一個字「筠」的筆畫數（13＋13＝26）。

情境：由名字第一個字「筠」的筆畫數，加上第二個字「松」的筆畫數（13＋8）。如爲單名，第二個字以地動能「1」代表，亦即將名字第一個字的筆畫數加上1（註2）。

處境：姓與名的實際總畫數（13＋13＋8＝34），不可加入天、地動能數。

實境：爲環境、心境、情境三境之子數化成五行；**子數1或2為木；3或4為火； 5或6為土；7或8為金；9或0為水**。範例中，楊筠松的環境爲14，子數爲4，五行爲火……，以此類推。（貴人進階篇有詳細之五行論述）

潛境：心境的合數與情境的合數之組合稱之；合數爲母數加子數使其成爲單數；例如39，其合數爲3＋9＝12；1＋2＝3，3則爲39的合數。

範例中，楊筠松的心境爲26，化成合數爲8（2＋6）及情境21，化成合數爲3（2＋1），再將心境與情境之合數化成五行：8爲金；3爲火。

工具二：貴人磁場

貴人磁場的能量分類

在解釋「配」與「合」之前，讀者需先了解貴人磁場係依天、地、人三者間的關係，將貴人磁場互動的能量分爲三個區塊，如下圖所示。

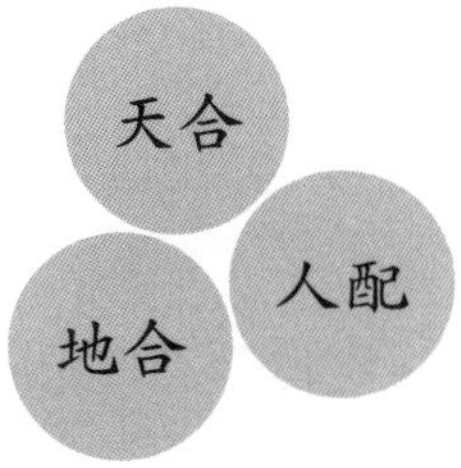

它們可單獨存在或結伴而行，但不論是單獨或結伴，都代表了一種不同「施與受」能量的互動關係。讀者如能適時及正確的運用，雖不敢說平步青雲，但保證可節省許多不必要的冤枉路。

人生苦短，不過數十寒暑，能讓你春耕奮鬥的時間累加起來最多也不過十數年（因爲其他的時間還要分給夏耘、秋收與冬藏），一個成功的人絕對經過努力，但有一大堆失敗的人不乏曾經極爲努力，甚至於超過成功人士所付出努力的百倍，但爲什麼沒成功!?

一言以蔽之，就是「努力必須靠自己，成功則須靠貴人」。但如何把握貴人，盡在「配」與「合」之中。

「配」與「合」的定義

◆ 何謂「配」？

中國造字「配」意即爲天干的「己」與地支的「酉」相配稱之。故「配」者，龍鳳配；分陰與陽，呈水平排列，其構成要件如下：

1. 數字的組合 「奇數（陽）與偶數（陰）為一組」

1、2；3、4；5、6；7、8；9、0

所有的數字都是由最基本0～9 的組合，在這些數字裡，都是一組、一組，共有五組。例如1與2為一組；3與4為一組……，以此類推。

2. 母數與子數

數字的組合如出現複數時，在母數必須相同的情況下，子數出現一組，稱之為「一個家族」，例如21與22，母數為2，子數為一組，稱之為「一個家族」；31與32為一個家族， 但若21與32，則風牛馬不相關。如下圖所示。

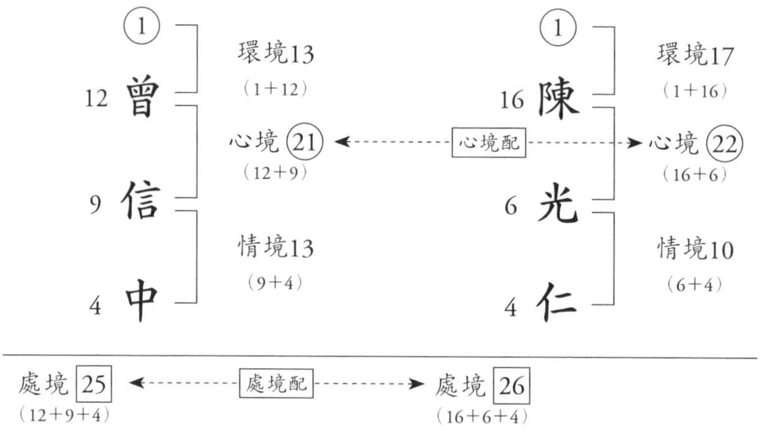

圖中彼此雙方有兩處位置是在同一家族下的「龍鳳配」；
一為心境處稱「心境配」，另一為處境處稱「處境配」。

3. 數字「生」與「化」

同組為「化」；異組為「生」，分述如下：

1化2；2生3；3化4；4生5；5化6；6生7；7化8；8生9；9化0；0生1……循環不已。例如，23化24；24生25；23與25則八竿子也打不到，毫無關聯。

4.「化」者強，「生」者弱

在「龍鳳配」的格局中，「化」者可單獨成立；「生」者需有一「合」或另一「配」者鞏固之，方爲有力，如下圖所示。

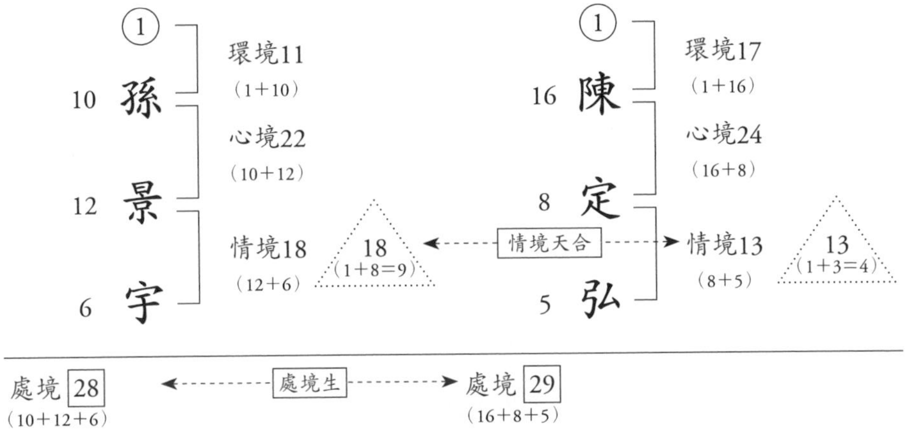

圖中彼此雙方的處境爲「生」（28生29），生者需要有一「合」者或「配」者，方爲有效。於彼此的情境處出現一「天合」（4、9合），故「處境生」的貴人磁場，則被有效的接合。（詳閱「合」者說明）

除龍鳳配外，尚有五行配，分「實境配」與「潛境配」，將於第七章貴人進階篇中詳述，在此不加贅述。

◆ 何謂「合」？

中國造字「合」（「人」+「一」+「口」）意即爲「人口一致」，齊心向前之意。「合」者分天合與地合。分述如下：

凡論「合」者，其數字均須用「合數」；「合數」爲母子相合化作單數，例如25的合數爲7，爲母數加子數2＋5＝7；又38的合數爲2（3＋8＝11，1＋1＝2）。

1. 天合：河圖數列之合，爲水平合如圖1-1所示。凡一方之心境合數與另一方心境合數合於河圖數列者，稱「心境天合」，同理以此類推至「情境天合」與「處境天合」，如圖1-2所示。

圖1-1 河圖數字與方位圖

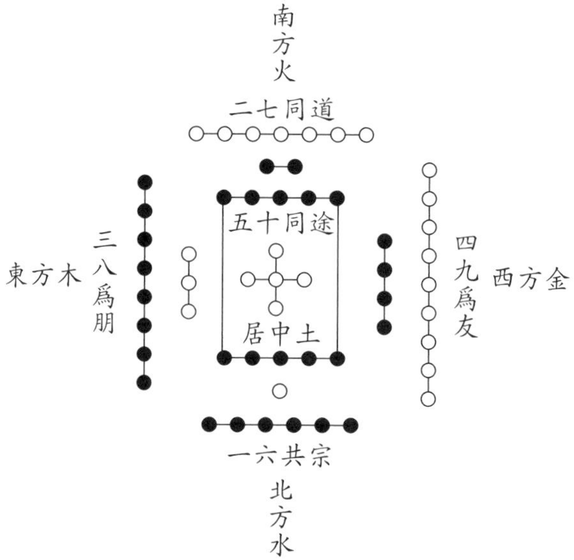

3、8爲朋爲一組，合於東方春耕位；2、7同道爲一組，合於南方夏耘位；
4、9爲友爲一組，合於西方秋收位；1、6共宗爲一組，合於北方冬藏位；
5、10同途爲一組，合於中宮四季位*。

* 「5、10 合」與其他合不同，為一例外，前者5為合數，後者10不為合數，為自然數10與55，僅此兩個數與合數5合於中宮。

圖1-2

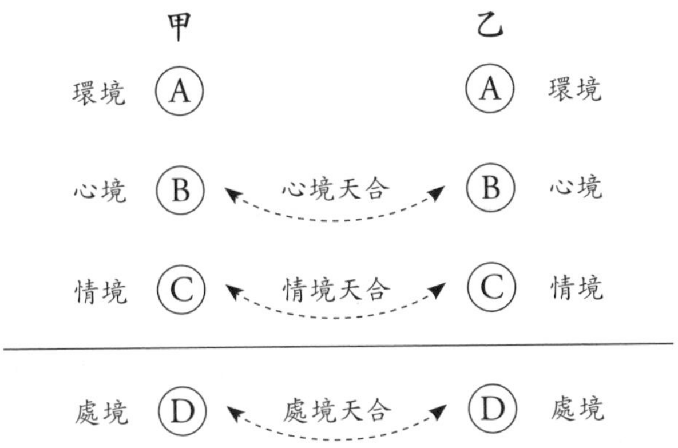

甲B的合數與乙B合數合於河圖數列的任何一組者稱「心境天合」。例如甲B的合數是3，乙B的合數是8（3、8爲朋合於東方），或甲B的合數是7，乙B的合數是2（2、7同道合於南方），以此類推均稱「心境天合」。同理，以此類推至「情境天合」與「處境天合」。

2. 地合：爲上下斜對或交錯合，且雙方合數須相同，如圖1-3所示。至於各自用法將於各相關章節詳述之。

環心合：一方環境的「合數」與另一方心境的「合數」相同者稱之。例如環境數爲16，其合數爲7；對方的心境數爲25，其合數亦爲7者稱之。圖1-3中，甲A與乙B的合數相同，或乙A與甲B合數相同者稱之。

心情合：一方心境的「合數」與另一方情境的「合數」相同者稱之。圖1-3中甲B合數與乙C合數，或乙B合數與甲C合數相同者稱之。

情處合：一方的情境的「合數」與另一方處境的「合數」相同者稱之。圖1-3中，甲C合數與乙D合數，或乙C合數與甲D合數相同者稱之。

圖1-3

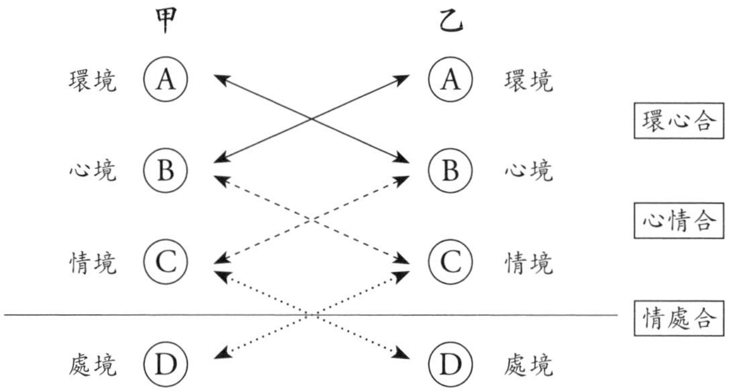

附註

1. 動能「一」的由來與重要性

「一」爲動能，是一件事物的啓動。老子對「一」的詮釋是：

> 昔之得一者：天得一以清；
>
> 地得一以寧；神得一以靈；
>
> 谷得一以盈；萬物得一以生；
>
> 侯王得一以爲天下貞。
>
> ——《道德經》第三十九章

「一」者，如以天而論，有如高氣壓則天朗無雲；如爲地則因風調雨順而穩定；神則香火鼎盛而以靈妙；谷得陽光而盈滿；萬物得愛而茁壯；領導者則得民心者得天下。一如汽車與鑰匙的關係，沒有「一」（鑰匙），再好的車子也無法發動；又如同貴人與成功的關係，沒有「一」（貴人），再努力的人也無法成功。成功之人絕對經過努力，但爲何還是有如此多努力者，未能成功呢？

俗語說：「行萬里路勝讀萬卷書，」但它已不適合於現代社會，因爲縱使你讀萬卷書，讀到千度近視；行萬里路，行到鐵鞋已破，如沒有貴人扶持、指引，那也是枉然，充其量不過是自得其樂，或於事後自我解嘲的說「懷才不遇」。

《貴人磁場學》強調磁場的正負能量，但其先決條件是彼此雙方的磁場要經啓動方爲有效，否則縱使有一缸子的人與你有「貴人磁場」也是枉然，而啓動此一「動能」者，不是由貴人啓動就是由你啓動。

2. 單姓單名與複姓單名

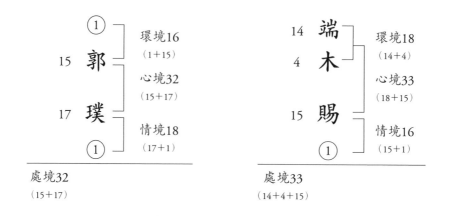

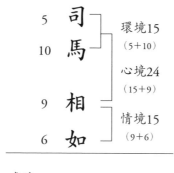

筆畫	字	
①		環境16（1＋15）
15	郭	心境32（15＋17）
17	璞	情境18（17＋1）
①		

處境32
（15＋17）

筆畫	字	
14	端	環境18（14＋4）
4	木	心境33（18＋15）
15	賜	情境16（15＋1）
①		

處境33
（14＋4＋15）

筆畫	字	
5	司	環境15（5＋10）
10	馬	心境24（15＋9）
9	相	情境15（9＋6）
6	如	

處境30
（5＋10＋9＋6）

・單姓單名或複姓單名均缺「地格」，故以數字1代表「地動能」。
・複姓其本身即含「天動能」，故「環境」不須加1。

第 2 章

打開貴人之「人門」

龍鳳配

身無彩鳳雙飛翼，心有靈犀一點通

龍鳳配者分：

心境配（心境貴人）

情境配（情境貴人）

處境配（處境貴人）

心境貴人
契合、理解、賞識、提攜

心境代表一個人的心態、企圖心與性格特質。一旦雙方「配」於心境，其意涵爲：**良性互動與溝通、彼此契合與諒解、相互賞識與提攜**。

構成要件：

1. 雙方的心境位置母數須相同。

2.子數須是同一家族裡的奇數與偶數。

案例1 慧眼識遺珠

1997年9月，周杰倫參加電視台的娛樂節目《超猛新人王》的演出。節目主持人吳宗憲既是這一節目的主持人，也是阿爾發音樂公司的老板。

雖然當天周杰倫的表演荒腔走板，但站在評審旁邊的吳宗憲隨手拿過歌譜看了看，卻發現這個看似玩世不恭且放蕩不羈的年輕人，歌曲譜得不錯。節目做完後，他便約聘周杰倫進入該公司。

初進公司時，周杰倫的職務是音樂製作助理兼打雜跑腿，很快地吳宗憲即發現其作曲天分。由於扎實的音樂根柢，周杰倫在短時間內就創作出大量的歌曲但歌詞怪異，音樂圈內幾乎沒有人喜歡，也讓吳宗憲苦惱萬分。

1998年2月，周杰倫創作的《眼淚知道》，推薦給劉德華演唱，但因劉不是很喜歡歌詞，便斷然拒絕。其後，《雙截棍》也被張惠妹拒絕。在周杰倫的創作熱情接二連三遭受衝擊時，吳宗憲決定給他另一次機會。

1999年底，吳宗憲與周杰倫約法三章，如能以10天的時間寫出50首歌，而且可從其中挑出10首，公司將幫周出唱片。10天之後，周杰倫不僅交出50首新歌的創作，而且每一首都是可圈可點，上上之選。吳宗憲於是依約履行承諾，出版周杰倫的首張專輯，沒想到發行後，隨即紅遍華人世界，從此踏上了康莊大道。

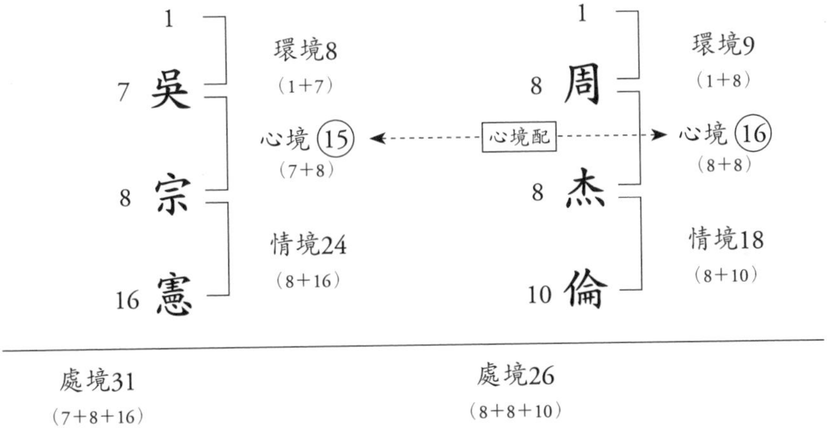

磁場解說與互動

吳宗憲的心境數為15，周杰倫的心境數為16，在同一個母數下的5與6為一個家族，形成了「心境配」的貴人磁場。這也就不難解釋為何吳宗憲在看完其荒腔走板的演出後，僅憑一張歌譜即約聘周杰倫進公司，心境配經過雙方磨合後的理解、賞識與提攜則屬必然。

眾人皆知，若無吳宗憲扮演著關鍵貴人的角色，周杰倫能否進入演藝圈尚屬未定之天，更遑論大紅大紫。

鑑往知來修心性

耐心：豐收需等待，好料沉甕底

一個老農夫種了一大片玉米。

一個顆粒十分飽滿的玉米自言自語地說道：「收成的那天，老農夫肯定先摘我，因為我是今年長得最豐滿的玉米！」可是在收穫當天，老農夫並沒有把它摘走，

「明天，明天他一定會把我摘走！」飽滿的玉米自我安慰著。第二天，老農夫又收走了其他一些玉米，可惟獨沒有摘這個玉米。

一日復一日地過去，飽滿的玉米都沒有被摘走。數日過後，老農夫就再也沒有來過。直到有一天，玉米絕望了，原來飽滿的顆粒變得乾癟堅硬，整個身體像要炸裂一般，它準備和玉米稈一起爛在地裡了。

就在這時，老農夫來了，一邊摘下它，一邊說：「這可是今年最好的玉米，用它做種子，明年肯定能種出更棒的玉米！」

也許你是一個很自負的人，一直都很相信自己，但你是否了解你的老闆對你的期待或有耐心地等到最後一刻呢！

案例2 忍痛割愛促良緣，執子之手半世紀

邵逸夫原名邵仁楞，號逸夫，香港影視製作人、娛樂業大亨及慈善家，邵氏兄弟電影公司創辦人，拍攝過逾千部華語電影。邵逸夫從小便癡迷於戲劇與電影，中學畢業後應兄長邵仁枚之邀，南渡新加坡涉足電影業。兄弟倆披荊斬棘、胼手胝足的在新加坡與馬來西亞闖出名號。

當時，新加坡最有名的富豪余東璇十分賞識邵氏兄弟，邀請邵氏兄弟到家中做客並商談合作事宜。那天，余東璇親自出門迎接，身旁還站著一位身著白色連衣裙、清新脫俗、氣質高貴典雅的美貌女子，爲當時余東璇之女友黃美珍。

當邵逸夫、黃美珍倆人四目交織，有一見傾心、相見恨晚之感，飯後的一席忘情暢敘及其後的日久生情，從相知、相惜到相愛，兩人已無法自拔，於是邵逸夫便鼓起勇氣坦白地向余東璇傾吐他和黃美珍相愛之事。余東璇聽罷，縱有千萬個不捨，但君子有成人之美，於是便答允，留下這段千古美談。

是什麼讓余東璇能不計此種「橫刀奪愛」的作爲，進而雙手奉上所愛，留下如此美麗的佳話呢？

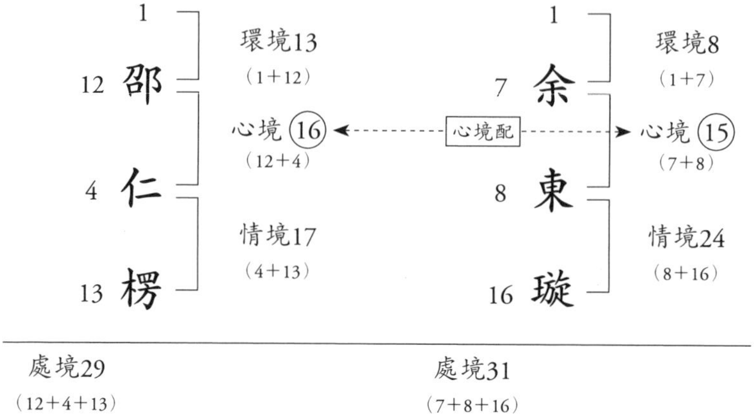

磁場解說與互動

余東璇的心境數15，卲仁楞的心境數16，形成了「心境配」的貴人磁場。配者具有施與受、陰與陽的內涵。余東璇除了對邵氏兄弟（邵仁枚、卲仁楞兩兄弟之心境數均爲16）有知遇之恩並協助拓展事業外，對卲仁楞更發揮了「心境配」主要的功能——契合、諒解與賞識。

余東璇以包容之心化解了「橫刀奪愛」的窘境，一句「君子有成人之美」即成全了兩人婚事，對此，卲仁楞至死都心懷感恩。

鑑往知來修心性

尊重：尊人自愛，人恆敬之

選擇伴侶和結交朋友是生命過程中必經的階段，但在芸芸眾生中來自不同的生活背景，諸如待人接物及處世的態度、教育程度的差距、孝悌的觀念等，常會意見相左分歧而時起紛爭。

當你有所抉擇相偕白首或義結知己時，就必須懂得忍讓包容。人貴在自重自愛，不過分奢求，不過分堅持，才能圓融和諧，永保幸福。

人在受尊重中，即使有些意見迥異之處也會化解於無形。拾起、放下剎那間的動作，但人卻不易做到，而在計較、比較中失去了友情及愛情。

山不厭土石，故能成其高，海不擇細流，故能成其深，敬人者人恆敬之，做人處事只有在互相尊重、自愛、自我反省檢討中，才會事業順利，婚姻美滿，才是最大的贏家。

情境貴人
情有獨鍾、真情相挺

情境司掌三情一位，代表一個人的情感（親情、愛情、友情）及財位的匯集地。

一旦雙方「配」於情境，其意涵爲：**情有獨鍾、真情相挺、情意相通、無悔付出及「財」易互通**。

構成要件：

1. 雙方情境位置的母數須相同。
2. 子數須是同一家族裡的奇數與偶數。

例如，子數1、2；3、4；5、6；7、8；9、10（底部畫橫線者兩兩一組）。假若母數爲2，則21、22爲同一家族；23、24則爲另一個家族，以此類推。

案例1 布衣將相，貴人相扶

李登輝，農經專家，曾任中華民國第七任（繼任）、第八、九任總統。沈宗瀚，國際知名農經學者。隨國民政府遷台後，曾任中國農村復興聯合委員會（農復會）之委員、主任委員等職達三十年之久，期間沈君極爲重視農業經濟人才的培養，並提供台灣在農業外交時所須的籌碼，對外交的突破產生了很大的作用。

李登輝曾服務於農復會，由於有美國財政支援，待遇相對優渥，故任職12年。在此期間兩度因爲曾經參加過共產黨，被調查局跟當年的警備總部約談、拘禁，都是其貴人沈宗瀚透過上層有力人士交涉無罪釋放。李登輝更在這段時間裡獲得美國洛克菲勒農業經濟協會以及康乃爾大學聯合獎學金，取得康乃爾大學農業經濟博士學位。

1971年底，時值蔣經國接掌行政大權組閣之時，用人之際，沈宗瀚以農經專家的身分將李登輝推薦給經國先生，造就了李登輝的今日。因李之個性屬深藏型，善於隱藏不外露，備受經國先生的賞識，一路拔擢至副總統。

沈宗瀚何以甘冒戒嚴時期的大不韙而如此地照顧及提攜李登輝呢?!

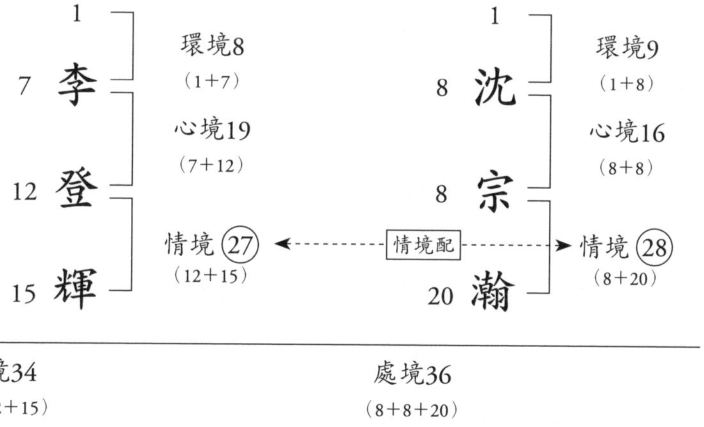

磁場解說與互動

李登輝的情境數27，沈宗瀚的情境數28，形成了「情境配」，其代表的意涵是情意相通，無悔付出。

情境司掌三情一位，即愛情、親情、友情及財位。同儕、從屬關係是情境中所述的友情，也無怪乎在李登輝需要幫助時，沈君必眞情相挺與提攜舉薦，造就了日後的李登輝。

鑑往知來修心性

低頭：處屋簷下，彎腰低頭

有人問過蘇格拉底：「你是天下最有學問的人，那麼你說天與地之間的高度是多少？」蘇格拉底毫不遲疑地說：「三尺！」

那人不以為然：「人都有五尺高，天與地之間只有三尺，那不是戳破蒼穹？」

蘇格拉底笑著說：「所以，凡是高度超過三尺的人，要長立於天地之間，就要懂得低頭。」

人不在乎高矮，樹雖高但禁不起風吹易折，矮草雖生長在低窪之處，但生命力強韌，所以當我們把奮鬥目標看得更高時，更要在人生舞台上保持低調，將自己看輕些，把別人看重些。

低頭不是卑下，而是仰首的基點；低頭不是自卑，亦不是怯弱，它是清醒中的一種嬗變經營。向下看時，不低頭什麼也看不見，人不怕低頭，只怕不識時務，不知進退，懂得低頭者必深曉躬身的重要性。

生活中，自認懷才不遇的人，往往看不到別人的優秀；憤世嫉俗的人，往往看不到世界的美好；只有敢於低頭並不斷反省自己的人，才能夠不斷吸取教訓，當面臨挫折時才能處之泰然，心安理得。

當人從困惑中走出來時，你會發現，一次善意的低頭，一次示弱的表現，往往會有意想不到的收穫，低頭就是一種謙虛、禮讓、屈就、認輸的表現。它是一門藝術。

不願低頭是人的本能，而懂得低頭才是本事。

案例2 情有獨鍾，眞情相挺

殷琪，知名女企業家，曾任前台灣高速鐵路公司董事長，大陸工程股份有限公司總經理，總統府國策顧問。1997年，由殷琪主導的台灣高鐵團隊，以號稱「政府零出資」擊敗對手，取得高鐵BOT案。但最終虧損嚴重，由政府接手。

企業界普遍認爲，如果沒有殷琪，高鐵一定蓋不成，如果沒有當年陳水扁政府的極力支持，高鐵早已半途而廢。是何力量讓陳水扁如此力挺殷琪呢？

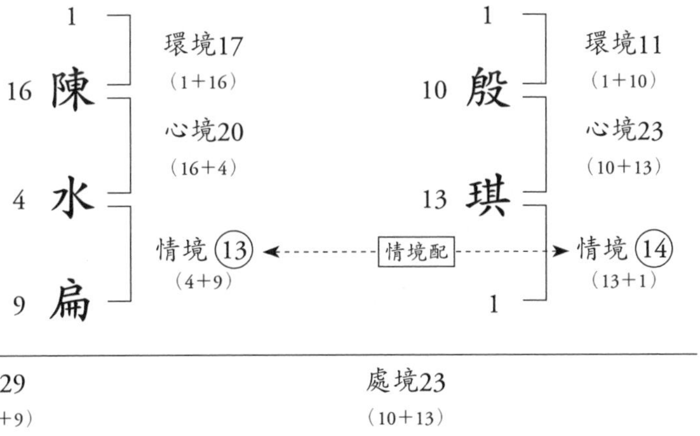

磁場解說與互動

陳君的情境數爲13，殷琪爲14，形成了「情境配」的貴人磁場，眞情相挺是毋庸置疑，眾所周知，殷琪是陳水扁國政顧問團當中唯一做完8年的成員。情境除了代表親情、愛情、友情外，它還包含「一位」，即財位，意即當一方發生財務方面問題時，容易獲得另一方提供資金紓壓。這也難怪外界指責陳水扁在高鐵方面，殷琪要錢得錢。

鑑往知來修心性

貪婪：飛蛾性趨炎、見火不見我

一隻老鼠掉進了一個半滿米缸，這意外使老鼠喜出望外，確定沒有危險後，牠一頓猛吃，吃完便睡。老鼠就這樣在米缸裡吃了睡、睡了吃，日子一天天過去。

雖然老鼠曾想過跳出米缸，但終究未能擺脫白花花大米的誘惑。直到有一天米缸見底了，才發現想跳出去已無能為力。

美國早期，地廣人稀，地價低廉，土地出售方式以一人一天所跑的範圍為計價標準。有人因貪婪而不停歇地從早跑到晚，當抵達終點時，人旋即倒地，氣絕身亡，賣主則草草埋葬，所占不過一棺之地。

財富與權力的渴求可以喚醒內心深處的貪婪，貪念一起，道義放兩旁，利字擺中間，貪婪與日俱增，一次比一次卑劣，欺騙只能牟取小利，如欲獲得巨大的財富則必須施展大陰謀，所以貪婪是為惡的催化劑。

貪婪的欲望一旦開始膨脹，就會擴展到無止境的地步，它雖然可以在理性與意志力的力量下暫獲遏止，但終非長久之計，必須學會滿足、知足，杜絕貪念，才會有美好的人生。

處境貴人
處處相顧、相隨不棄

你有沒有一個能夠撫慰心靈，相交相知的朋友？

現代的人已習慣將自己最好的一面呈現出來，如孔雀開屏般地讓人誇讚、欽羨，然而不好的一面都留給自己暗自感傷，每當夜深人靜，午夜夢迴時卻淚流滿面的獨飲那苦酒滿杯。知心人何在？還是你相交滿京城，知心無一人呢？「人生如戲，戲如人生。」幕前與幕後的你，可曾仔細想過?!

幕前的你

一個五光十色，華麗非凡，粉墨登場的舞台，每個人都費盡心思妝扮自己，台詞念熟，架式擺妥，呼吸調勻，時機一到，方步踱出，使出渾身解數，盡力演出；該唱的，如黃鶯出谷；該說的，字正腔圓；該演的，精采絕倫；於是全體起立，掌聲響起，聚光投射，名利雙收。

幕後的你

當曲終人散，燈火驟滅時在後台的你，褪去戲服，洗盡鉛華，滿臉疲累不堪的你，可曾有一個朋友是你一直渴望於此時能與你說一句眞心的話，分享你登台時的喜、怒、哀、樂，可以舒適的躺臥，而不須顧及形象，給你一個關愛的眼神，這比所有的掌聲都來得受用，有沒有這樣的朋友很重要。

因爲他是心靈的休憩地。在他面前，不必妝扮，不須裝模作樣，想說什麼盡情抒發，將自己脆弱、懦弱、幼稚與自私的一面完全表露而無所懼。因為你知道他不會恥笑你，也不會糗你。況且，只有在他面前不需顧及形象，而你也樂此不疲。

這是一種身、心、靈的解放。人必須要有將體內囤積過多的穢氣解放的管道；經此解放後，如釋重負，當重登舞台，必可再創高峰。

話雖如此，後台的朋友並非任何人隨處可以找到。親如手足，密如夫妻，往往還不能成為「休憩地」。接下來就是如何找尋「幕後貴人」，也稱處境貴人。

處境由三境（環境、心境、情境）組合而成，代表自己的舞台，攸關一生運勢的好壞。一旦雙方「配」於處境，其意涵為：**包容、體諒、扶持、處處相顧、相隨不棄，從正面的思維去看對方負面的表現，或欣賞對方的優點，包容對方的缺點**。

構成要件：

1. 雙方的處境位置母數須相同。
2. 子數須是同一家族裡的奇數與偶數。

   例如，子數1、2；3、4；5、6；7、8；9、10（底部畫橫線者兩兩一組）。假若母數為2，則21、22為同一家族；23、24則為另一個家族，以此類推。

案例1 管鮑之交

管仲，名夷吾，字仲，春秋時代齊國政治家，任內大興改革，重視商業，廢除井田制，建立土地稅收制度，允許土地買賣，承認土地私有化，被喻爲中國歷史上宰相的典範。鮑叔牙，亦稱鮑叔、鮑子，春秋時代齊國大夫，以知人善用著稱。

鮑叔牙自幼與管仲即爲好友。兩人相知相惜，早期管仲貧困，鮑叔牙時常接濟他，並刻意讓管仲占便宜。數年後，管仲侍奉齊襄公的弟弟公子糾，鮑叔牙侍奉公子糾的弟弟公子小白。

齊國內亂，管仲隨公子糾出奔魯國，鮑叔牙則隨公子小白出奔莒國避難。齊襄公被殺，返國途中，兄弟爭奪君位，先抵國者勝出，小白得勝繼位，史稱齊桓公，繼位後，公子糾被殺，管仲成爲階下囚。

齊桓公任命鮑叔牙爲相，叔牙辭謝並保薦管仲，且說：「如欲治理齊國，我與高傒可勝任；若想稱霸諸侯，非管仲不可。」他說服齊桓公別記恨那一箭之仇，只因各事其主。

齊桓公採納了他的建議，委以宰相重任。齊國經管仲的改革與治理，國富民強，稱霸諸侯。管仲爲相，鮑叔牙甘居其下，被譽爲「管鮑之交」、「鮑子遺風」。

《史記・管晏列傳》中記載，管仲曾說：「當我窮困的時候，曾經和鮑叔牙合夥經商，每當分錢之時，自己總是多取一些，鮑叔牙並不認爲我貪圖便宜，因爲他知道我很窮。我曾經替鮑叔牙謀事，反而使他更加困窘，鮑叔牙並不認爲我愚笨無能，因爲他知道時機有利與不利。我曾經三次做官，三次被君主罷斥，鮑叔牙並不認爲我沒有才能，因爲他知道我時運不濟。我曾經三次帶兵打仗，三次戰敗逃跑，鮑叔牙並不認爲我膽小，因爲他知道我家中尚有年邁的母親。當公子糾與小白爭奪君位而失敗時，召忽自殺，我忍辱被囚，鮑叔牙並不認爲我無恥，因爲他知道我不會羞小節，而以功名不能顯揚於天下爲恥辱。生養我者是父母，了解我的人卻是鮑叔牙先生啊！」

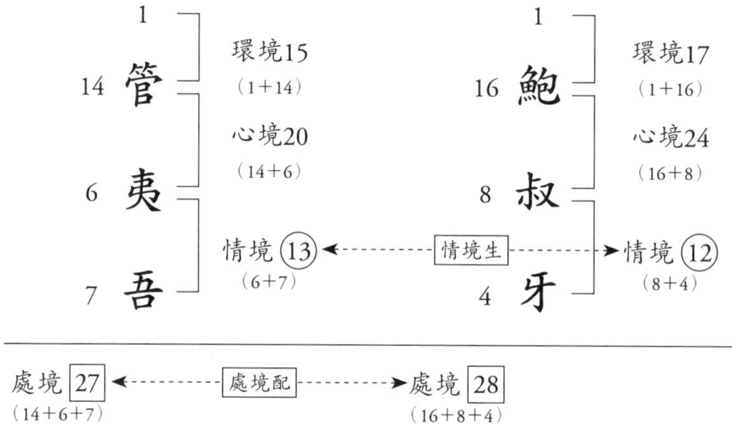

磁場解說與互動

管君的處境數27，鮑君的處境數28，形成處境配；鮑君的情境數12，管君的情境數爲13，12與13不是同一家族，但具有「生」的功能。

生者須有一配或一合來鞏固方爲有效，管鮑兩人俱有處境配，故情境配生效。

鮑叔牙無疑是管仲一生中的大貴人，就貴人磁場學來說，管鮑彼此俱有「處境配」及「情境配」。

引用史記·《管晏列傳》中管仲自己所言，用來詮釋「處境配」的精神內涵實恰當不過。

鮑叔牙的啓示

在人際關係中，經營與維繫雙方情感最好的方法，就是從正面的思維去看對方負面的表現。多關注對方的優點，體諒或包容對方的缺點，只有優點才會讓你心甘情願地想接近對方，而關係惡化的主要原因都是盡看對方的缺點，滿腦子對彼方的不滿，進而產生人際關係的絆腳石——計較之心。

有人曾說：「人之所以快樂，不是在於他擁有的多，而是他計較的少。」人一旦有了計較心，其思維趨於狹隘，格局日漸縮小，所看到全都是對方的缺點，就連對方的優點也被醜化成缺點。

在職場上，埋怨、計較、不願吃虧者比比皆是，但你可曾想過它讓你失去了多少機會！有多少貴人因此擦身而過嗎？ 以下司馬遷在史記中對鮑叔牙的評價，正說明了「不計較」方能成就一番作爲的最佳詮釋。

「鮑叔牙推薦了管仲以後，甘居其下。他的子孫世世代代在齊國享有俸祿，得到封地的有十幾代，多數是著名的大夫。因此，天下的人不稱讚管仲的才幹，反而讚美鮑叔牙的知人之能。」

鑑往知來修心性

益友：常伴左右，前程似錦

古人說：在家靠父母，出門靠朋友，足以說明朋友的重要性，但朋友分貴人、小人及普通朋友。大部分的人都錯把朋友當貴人，將大量的時間、精力與財富耗費在朋友的身上，而錯失有限的寶貴時間，更糟的是，錯把小人當貴人，則前景堪憂。

哪些朋友是你的益友兼貴人呢？

1. 願意將成功人士介紹給你認識的人。
2. 提攜你、相信你、支持你的人。
3. 欣賞你的優點，包容你的缺點的人。
4. 不厭其煩地提醒你的缺點的人。
5. 身處困境時，引領你或激勵你向上的人。
6. 願意與你分憂解愁、分享喜悅與新知的人。
7. 信守承諾的人或值得你學習的人。
8. 教導你或願意提供學習平台給你的人。

如果你身邊出現上述八種益友，他們無疑是你的貴人，一定要惜緣、惜福並心存感恩，因為沒有人有義務一定要對你好。

案例2 三千寵愛在一身，從此君王不早朝

《長恨歌》是白居易與友人遊覽仙遊寺時，有感於唐玄宗和楊貴妃纏綿悱惻的愛情故事而創作出的佳作。

李隆基因寵妃武惠妃病死而日夜思念，聽聞其子壽王李瑁的妃子楊氏美貌絕倫，豔麗無雙，於是不顧禮節將其招進宮中陪侍。後來經過種種漂白手段後，將楊女順利的占爲己有，並於天寶四年（745年）封爲貴妃。一人得道，其兄姊皆雞犬升天，堂兄楊國忠則把持朝政。

「後宮佳麗三千人，三千寵愛在一身」，可以看出李對楊的弱水三千，只飲此瓢的癡情與專情，「在天願作比翼鳥，在地願爲連理枝」，說明了他們之間的那種快樂無窮且超越時空及身分的眞愛。「春宵苦短日高起，從此君王不早朝」，凸顯了因愛情交織激情的纏綿悱惻而荒唐失度。

楊國忠本與安祿山狼狽爲奸、相互勾結，後因安祿山屢立奇功備受皇帝賞識，遭楊國忠嫉妒，故不時在玄宗面前詆毀安祿山，安得知後輾轉不安，漸起反意，天寶十四年在范陽起兵，以誅楊國忠的名義兵鋒直指長安。潼關失陷，長安恐將不守。唐玄宗攜太子、丞相韋見素、楊國忠、楊玉環姊妹等一行多人，由大將軍陳玄禮率領少數衛軍護駕西逃。傍晚至馬嵬坡，軍士持戟鼓譟，亂兵誅殺了楊國忠且圍住驛站，譟動之聲久久不歇。陳玄禮奏稱：「國忠既誅，貴妃不宜再伺候陛下，請賜其死以塞天下怨。」

玄宗不從，高力士力勸：「貴妃原是無罪，但將士已殺國忠，貴妃尚侍左右，終未能安眾心。願陛下俯從所請，將士安，陛下亦安了。」玄宗不捨仍在遲疑，外面譁聲更烈，亂兵幾乎要擁門而入。

楊玉環見狀，含淚辭別玄宗：「願陛下保重！妾誠負國恩，死無所恨，惟

乞容禮佛而死。」玄宗已是泣不成聲：「願妃子投生在一個好地方。」楊玉環以白綾一束掛在驛館院中的梨樹枝上，北向拜道：「今與聖上永訣了。」接著自縊而亡，一道幽魂渺渺無跡。眞是「君王掩面救不得，回看血淚相和流」。

「行宮見月傷心色，夜雨聞鈴腸斷聲。」足證明在楊玉環遭處死後，李隆基就一直生活在回憶當中，觸景生情，綿綿無絕的哀思。確實在後來的十多年，唐明皇對楊貴妃的思念從未中斷，且再也沒有愛上任何一個女子。

是什麼讓楊玉環集三千寵愛在一身呢？除了天生麗質難自棄，回眸一笑百媚生外，還需要處境配！

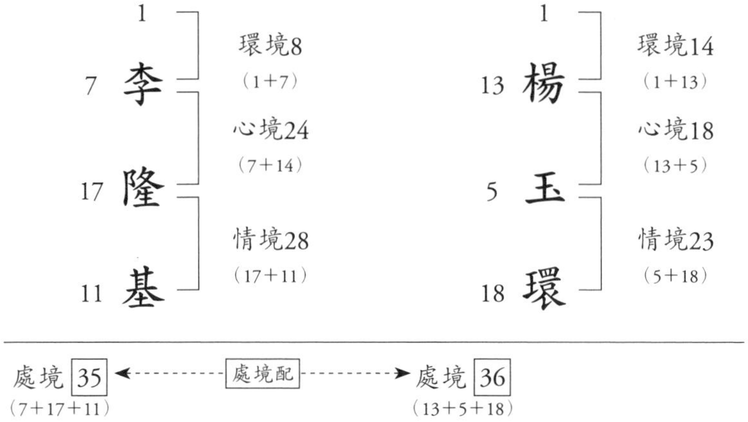

磁場解說與互動

唐玄宗的處境數35，楊貴妃的處境數36，形成處境配之貴人磁場。安史之亂，玄宗出逃，馬嵬兵變，貴妃自縊，情勢所逼，就連皇上也無法拯救自己心愛的女人，結局雖爲悲劇收場，但已將「處境配」的眞諦「處處相顧、相隨不棄」做出最佳詮釋。

雖因情勢所逼必須賜死貴妃，但事後的痛苦、悔恨、思念相隨不棄，如影隨行。正如〈長恨歌〉所云：「七月七日長生殿，夜半無人私語時。在天願作比翼鳥，在地願爲連理枝。天長地久有時盡，此恨綿綿無絕期！」

鑑往知來修心性

流轉：回眸一笑、三千寵愛

唐明皇在楊貴妃的回眸流轉中，從此君王不早朝，是一個承受爭議，背負著由盛而衰的皇帝，他的一生在君妃的愛情中孕育生死之戀，但也為情所累、所苦。

在「落葉滿階紅不掃」、「翡翠衾寒誰與共」的孤寂愁涼中黯然以終，同時也影響了唐朝的興衰。

歷史上夏桀寵妹喜，商紂愛妲己，周幽痴褒姒在酒池肉林、烽火一笑中，國破家亡。歷史殷鑑，而貴妃之死，也在「君王掩面救不得」中「此恨綿綿無絕期」。

不愛江山愛美人，江山沒了，美人何有？感情之處理，不分權貴貧賤，帝王之家的感情與平常百姓家的感情相同，處理不當，即萬劫不復。

「春風桃李花開日」、「秋雨梧桐葉落時」寫盡了人生得意時的歌舞陶醉，及失意時孤寂冷清之懸殊，差別何其大！

案例3 婆媳處境配，相處視己出

謝玲玲，1964年參加電影《婉君表妹》的童星徵選，飾演婉君的童年時期。年僅8歲的她，在一千多位的甄試者中脫穎而出，更讓她奪得第四屆金馬獎最佳童星獎。次年主演《我女若蘭》，拿下第五屆金馬獎和第十三屆亞洲影展的同樣獎項，被譽爲天才童星。1980年下嫁香港娛樂界大亨林建岳（投資開拍多部賣座電影，其中以多位影帝主演的電影《無間道》爲其代表），於1995年因夫外遇而離婚。

謝玲玲與婆婆余寶珠相處十分和諧融洽，婆媳如同母女般地貼心貼意、相知相惜。當兒子林建岳在外另結新歡王祖賢時，余寶珠堅決反對並力挺謝玲玲，亦曾在記者面前經常公開批評王祖賢，尤其是余寶珠的一句「我就當我兒子叫了一隻雞」，使王祖賢被迫出走台灣，移居加拿大。

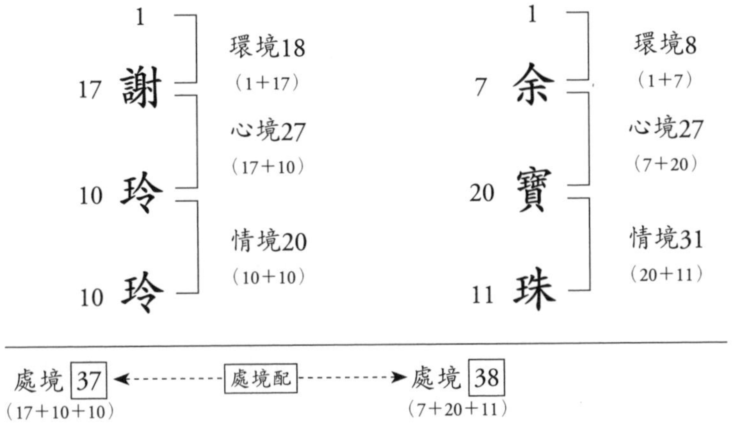

磁場解說與互動

謝玲玲之處境數爲37，余寶珠處境數38，兩人形成「處境配」之貴人磁場。婆婆要求謝離婚不離家，並稱她是「永遠的媳婦」。林建岳父親重病時，謝玲玲陪侍在側，去世時，正是謝玲玲攙扶余寶珠到靈堂。處境爲人一生的舞台，如能善加經營與你相配於處境的貴人，那麼在這舞台上將會有驚喜不斷。

鑑往知來修心性

婆媳：相處之道、人際之首

婆媳問題是中國千年以來就存在的棘手問題，它是一種需要靠智慧、能力、毅力才能享受其中相處樂趣。婆媳相處是一門技術更是藝術的發揮，它是訓練及培養人際關係最重要的基石，婆媳關係處理得好，人際關係一定好，因為它是社會人際圈的縮影，但複雜度尤甚之。

婆媳問題的本質其實是一種三角互動，在人際關係中，三角關係是最複雜的，甲對乙好、乙對丙好，但它不意味著甲會對丙好，愛屋及烏的理論較難在婆媳間成立。現今婚姻多為小家庭制，婆媳的問題癥結大都圍繞在兒子身上，對症下藥的方法是兒子應採取「三不一沒有」及「尊上、護下」的原則。

·「三不一沒有」：不解決、不作為、不插手，沒有口舌是非

婆媳是姻親關係，顧名思義，因婚姻而結的親戚，婚後，母親和太太才變成親人，它是陌生的社交人際關係。姻在親存、姻亡親斷。婆媳關係的存在與否，完全取決於婚姻的存續。所以婆媳間的問題沒有解決上的問題，只有安撫與維繫的問題，因為她們要的是被了解、被支持而不是解決問題，解決就是意味著「評誰對或誰錯」，不公平、偏心、袒護等字眼與想法，將占據在被評錯方的腦海裡，問題不但沒解決，反而愈來愈僵、愈理愈亂。「不作為、不插手」其實也是一種行為，人際關係都需要磨合，更何況兩種不同生活背景的婆媳湊在一起相處，讓婆媳有機會摩擦、衝突，給她們機會互相認識，發展屬於婆媳之間的互動方式，而不是男人期待的方式。

想想哪有女兒不與母親爭吵、摩擦！為何媳婦不行呢？磨合的意思就是「經由摩擦後能尋求更好的契合相處之道」，一旦兒子介入、干涉，其產生的化學反應，就無法預知了。

在這三角關係的成員中，一定都要做到不傳口舌及是非，唯有如此才不會擴大打擊面，事件不擴大就會自然地逐漸轉小、化無。所以任何來自於母親對媳婦（或媳婦對母親）的不滿、抱怨等，兒子均不得轉述，媳婦亦不得回娘家哭訴，以免誤會更深。

・「尊上、護下」：尊重母親，呵護妻子

數十年母子相依，一朝有人分享，情感轉嫁的不適應性也在所難免，婆媳爭吵有很多是心理因素，而非表面單純的物象所至。時時保有「母親所欲，常在我心」，同時也要讓母親感覺到兒子及媳婦的心中有我，母親往往要的不多，只是「尊重」二字，懂得它將可以化解很多問題。關起房門的私下呵護是不可或缺的，讓妻子擁有被愛及呵護的感受，她才會冷靜主動地思考問題的嚴重性，在不願為難深愛自己的男人下，將會找出一條與婆婆相處之道。

當兒子執行了上述的「三不一沒有」及「尊上、護下」的原則後。就只剩下兩個女人的事，按一般人際關係的溝通、傾聽、施與受等，即可建構出不錯的婆媳關係。

試想一下，你如何為了工作或升遷而討好上司或老闆；你如何為了業績成長的壓力，在「客户永遠是對」的前提下卑躬屈膝的委曲求全。你只要將這些本事拿出百分之一用於婆媳之間，那將會是「如魚得水」般的輕鬆自在。

第 3 章

打開貴人之「地門」

地合

眾裡尋它千百度，驀然回首，那人卻在燈火闌珊處

來自「宿緣」的地合

地合是一種宿緣，有時候在初次見面時，就會有好感，更甚者有似曾相識的感覺。地合分「環心合」、「心情合」及「情處合」，其代表之意涵如下圖所示：

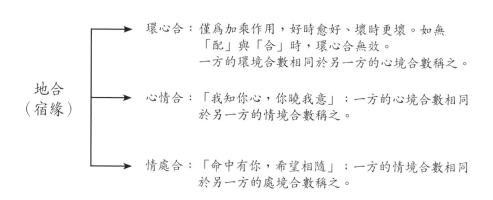

地合（宿緣）

- 環心合：僅爲加乘作用，好時愈好、壞時更壞。如無「配」與「合」時，環心合無效。一方的環境合數相同於另一方的心境合數稱之。
- 心情合：「我知你心，你曉我意」；一方的心境合數相同於另一方的情境合數稱之。
- 情處合：「命中有你，希望相隨」；一方的情境合數相同於另一方的處境合數稱之。

◆「心情合」強調「知」的方面；對彼此的「心意」相知甚深，但是否會落實執行對方的心意，要看彼此「磨合」的程度而定。

◆「情處合」則強調「知」與「行」合一；就是心領神會對方的心意並加以落實。簡單的說，就是一方的「心想」，另一方將盡力而爲使其「事成」。

◆地合的副作用就是容易聽信另一位或多位與自己有地合的好友、幕僚等人的建言，換言之，就是遇到這些人，自己的「耳根子」就容易變軟，且言聽計從，此後優勝劣敗就易形成「成也蕭何、敗也蕭何」！

地合中產生正能量最強者有二：

1. 數字相同者，例如甲方之心境數12，乙方情境數12……，以此類推稱之。

2. 母子數互補，如前述甲之心境數為12，而乙之情境數為21，反之亦然稱之；合數相同者次之。

地合磁場雖為宿緣，但須經啓動及磨合方為有效；一如水龍頭般的開啓，向下流的水將源源不斷。它意味著居上位者（或一方）會不斷地提供居下位者（或另一方）所需之助力。

無論何種貴人緣，接觸後的經營與維繫扮演著十分重要的角色，攸關其後水流量（助力）的大小。

心情合

案例1 常勝將軍，永垂青史

戚繼光是明朝中最有才能的將領之一，其南平倭寇，北抗韃靼，在明代中葉建立了不朽的功勳，也由於戚家軍驍勇善戰，紀律森嚴，所到之處深深獲得百姓的愛戴，凡是他征戰之處，百姓為他立廟祭祀。凡大小戰役從未敗過，故有「常勝將軍」之稱。

數個世紀以來，其所著的兩本兵書《紀效新書》與《練兵實紀》，對軍事家有著無可比擬的深遠影響，兩本兵書內容涉及範圍極廣，乃以孫子兵法的精髓綜合自己對抗倭寇及鎮守薊北的種種心得所寫下之著作。

明朝是一個極度集權且文官制度僵化的朝代。自朱元璋開始，便日益培養重文輕武的傾向，文官和儒教處於主導地位，武將則處於從屬地位。到了戚繼光時期，重文輕武達到巔峰。

然而當時在如此艱困的環境下，做爲一名武將的戚繼光能有如此的輝煌功就，近乎是一個奇蹟，除了本身才氣縱橫及卓越的軍事才能外，若無貴人相助，在當時的環境下，充其量不過是一介武夫，徒嘆時不我予罷了！而造就戚繼光的貴人，當首推譚綸及萬曆首輔張居正。

譚綸爲戚繼光在軍中的首位貴人，除了極力舉薦他之外，同時也大力支持戚繼光「招兵」和「練兵」的計畫，並爲其解決不少牽制，掃清許多朝廷障礙，使戚繼光能一展長才。

譚綸去世後，張居正對於戚繼光的幫助不僅僅體現在賞識與拔擢上，更多的是政策面上的鼎力支持。彼此相知甚深，充分體現出心情合的概念，眾所周知，若無內閣首輔張居正的力挺，以當時重文輕武的環境下，戚繼光空有一身才華，也有志難伸，最終可能淪爲一介武夫，抑鬱以終。

張居正	戚繼光	譚綸
1	1	1
11 張	11 戚	19 譚
8 居	20 繼	14 綸
5 正	6 光	1
環境12（1+11）	環境12（1+11）	環境20（1+19）
心境19（11+8）	心境31（4）▽（11+20）	心境33（19+14）
情境13（4）△（8+5）	情境26（20+6）	情境15（14+1）
處境24（6）⌒（11+8+5）	處境37（1）◡（11+20+6）	處境33（6）⌒（19+14）

磁場解說與互動

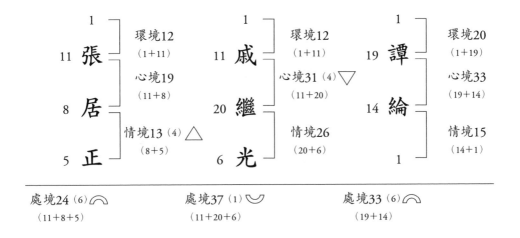

▽△：表示心情合；戚之心境合數4（3+1），相同於張的情境合數4（1+3）稱之。

◡⌒：表示處境天合；戚的處境合數1（3+7）。分別相同於譚之處境合數6（3+3）及張之處境合數6（2+4）稱之。天合數1、6合於北方；代表「權力」的賦予，第四章「天合」有詳細說明。

鑑往知來修心性

逆旅：西風古道，長歌當哭

烈士暮年，壯心未已，老驥伏櫪，志在千里，自古英雄多寂寞，在人生的逆旅中是歸人也是過客，過程中不可能永遠處在順境，當一切皆不如意之中，會產生茫茫然不知何去何從何所止之感嘆。

望斷鄉關何處是，西出陽關無故人，青山依舊，故舊零落，也會在內心激起一股世事滄桑之淒涼，嘆浮雲蒼狗，人世多變中難以掌控的時耶！運耶！命耶的無常。西風古道瘦馬，斷腸人在天涯的失落及愁苦油然而生，在長歌當哭中覓知音，在步履艱辛裡孤寂獨行，未可預知的前路還有多遠？

每個人都會遭遇到人生的順境與逆境，這是對人性的考驗及磨練，順境中讓你珍惜當下，把握擁有，逆境中警惕那無親無故靠自己的那份孤獨無依的覺醒，而決定今後的方向，邁出積極的步伐走向未來的人生。

案例2 病臥美人側，醒掌天下權

眾人皆知毛澤東晚年歲月裡，有兩個年輕女人長伴左右，陪伴其走完人生的旅途，一位是機要秘書張玉鳳，一位是護士孟錦云。張、孟兩人每天輪流照顧毛澤東，寸步不離。不論是誰，要見毛澤東，必須經由她們兩人的安排，江青、周恩來亦不得例外，可說是毛澤東晚年最信任的人。

張玉鳳16歲開始服務於牡丹江鐵路局的餐車服務員及廣播員，不久即被調至鐵道部專運處，擔任毛澤東出巡全國之私人專列車廂上的服務員，因謹言慎行，懂得察言觀色，深獲毛的賞識，於1970年7月以後，長期擔任毛澤東的機要秘書兼生活秘書。

毛澤東晚年時對張玉鳳的情感有「亦父、亦師、亦友、亦家人」的錯綜複雜；有父親的慈祥；老師的教導；朋友的照顧及情緒的抒發；家人的呵護與寵信等。

晚年在身體孱弱與紛擾的政治環境中已欲振乏力，不願也不敢相信任何人，在無人可信之窘境下，張玉鳳爲當然的代理人。毛將許多機要事務交給她打理，甚至將自己私人保險櫃的鑰匙交由張玉鳳掌管，櫃中絕密檔案不計其數，諸如高級幹部寫給毛澤東的檢討書、認罪書、悔過書、告密信等，這些無疑說明許多高層領導人的人格和品行，亦可說是某些人的生死簿。一旦掌握了這批文件，無疑地等於變相控制了黨、政、軍大權，由此可見信賴之不一般。

在眾多的專列服務員中，何以張玉鳳獨受青睞，又爲何如此被毛信賴倚重呢？

	1				1		
			環境5（1+4）				環境12（3）◯（1+11）
	4	毛		（張）	11	张	
			心境21（3）◯（4+17）				心境16（7）▽（11+5）
（澤）	17	泽			5	玉	
			情境25（7）△（17+8）				情境19（5+14）
（東）	8	东		（鳳）	14	凤	

處境29（4+17+8）　　處境30（11+5+14）

磁場解說與互動

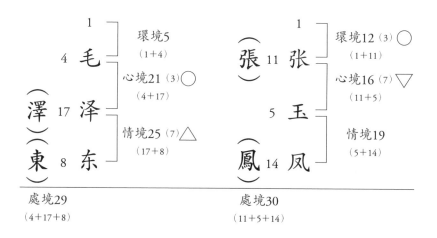

◯◯：表示「環心合」；毛的心境數21，合數為3；張的環境數12，合數為3，合數相同者稱之。其作用具有加乘效果，且毛的心境數21與張的環境數12有「母子互補」的關係，其加乘的威力更強。「環心合」無法單獨存在，必須要有「配」或「合」的貴人磁場存在時，方為有效。

△▽：表示「心情合」；張的心境合數7（1+6）相同於毛的情境合數7（2+5）稱之。

毛晚年對張的信任轉為信賴並委以重任。因朝夕相處，毛的情感全寄託於張玉鳳身上。「我的脾氣不好，張玉鳳的脾氣更不好，她還罵我。」毛澤東說，但最終還是毛妥協。事後毛對她一句評語：「辦事認真，工作盡職，張飛的後代，一觸即跳。」一輩子沒低過頭，卻對張無可奈何，可見，毛對張已經有了一種深厚的依賴和家人的感情，這就是「心情合」在磨合後的結果，加之「環心合」的催化與加乘作用，使「心情合」得以發揮最大化。

鑑往知來修心性

機會：善自把握，稍縱即逝

每個人都希望自己能有個好機會，能事業順利、飛黃騰達、婚姻美滿、如意富貴等，但這些機會多半是要靠自己爭取，或雖偶有在因緣際會中遇上千載難逢的機會。

不論何者，都不能輕言放棄，應善自把握才不會失之交臂。凡積極進取的人，不會錯過任何一個機會，因為他們了解自助而後天助，眼前縱有黃金，也要彎腰低頭才能拿到。

最有希望的成功者，不見得都是聰明絕頂或才能出眾的人，而是最善於掌握及運用機會的人，臨事不優柔寡斷、行事不猶豫不決，在快速的世事變遷中，方能抓住稍縱即逝的良機。

情處合

案例1 慧眼識英雄

1985年，半導體專家張忠謀受當時行政院長孫運璿的力邀，自美國返台擔任工業技術研究院院長，工研院是台灣最大的產業技術研發機構，也是開創台灣半導體產業的先鋒。

1974年，時任美國德州儀器副總裁的張忠謀與時任經濟部長的孫運璿第一次接觸，報告有關該公司在台灣裁員事宜，孫運璿對德儀的裁員未多表意見，但對於半導體產業的發展與循環卻極爲關切，並要張忠謀提供他相關的資料，這也奠定台灣日後對積體電路發展計畫與政策方向。

1977年，孫運璿前往美國會晤張忠謀，在其陪同下參觀了當時全世界最大的半導體公司——德州儀器，做較深入的了解，更加深了延攬人才的重要性。

1981年，孫運璿擔任行政院長，在政務委員李國鼎的努力延攬及孫運璿的誠意下，張忠謀於1985年返台任工研院院長，鋪成了日後的台灣積體電路製造股份有限公司的誕生，也造就了張忠謀的「台灣半導體教父」的稱謂與不可磨滅的地位。

1
環境11
（1＋10）
10 孫
心境26
（10＋16）
16 運
情境35 △
（16＋19）
19 瑢

1
環境12
（1＋11）
11 張
心境19
（11＋8）
8 忠
情境24
（8＋16）
16 謀

處境45
（10＋16＋19）

處境35 ▽
（11＋8＋16）

磁場解說與互動

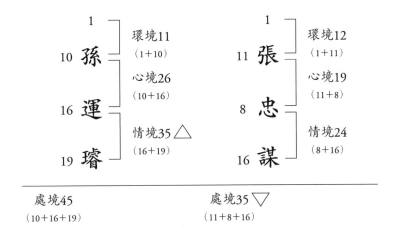

▽△：表示「情處合」；孫的情境數35，相同於張的處境數35稱之。兩人爲數字相同而非合數相同，爲地合中磁場最強者。「情處合」的內涵就是「命中有你，希望相隨」。

在強調功利主義的美國，在Rat Race＊競爭下，許多優秀的經營者，在面臨無情的成長壓力下，不論是主動或被動，一一的身退者比比皆是，眞是「滾滾長江東逝水，浪花淘盡英雄」。

若無孫運璿的慧眼識英雄，加之雙方強烈的貴人磁場所產生眾裡尋他千百度的決心，在美國的張忠謀也可能如同前述一般的消逝在浪花中。雙方除了「情處合」外，尚有一「移情配」（參閱後述）。

＊Rat race 一種老鼠競賽的賭博遊戲，投注先馳得點的老鼠將贏者全拿賭金；在美國常用來形容商界的競爭活動，所有的經營者都是老鼠，最後拿錢的是股東。

鑑往知來修心性

宿緣：屋漏偏逢連夜雨，風雨徬徨故人來

宿緣即是前世緣，一經磨合後，它尚有一種功能，就是扮演「風雨故人來」的角色，平時，保持君子之交淡如水，一旦其中一方身陷窘境，或遇到人生的低潮，助你走出谷底、指點你方向，避免重踏誤區者，往往就是這位與你有宿緣的朋友。

張忠謀回台擔任工研院院長之前，曾擔任過美國通用器材公司的總裁，由德州儀器副總裁轉任通用器材公司總裁任職一年左右即去職，他較少提及這段位階更高的通用器材公司「總裁」的經歷，大部分的人也僅知道他曾任美國德州儀器「副總裁」。因理念不合而離開通用公司。正當他陷入徬徨低潮時，扮演這風雨故人來的角色就是孫運璿與李國鼎。

張忠謀曾說，如果不是當年孫運璿力邀他回台，他很可能今天還留在美國。工研院院長一職使他走出陰霾，步入另一段輝煌璀璨的人生。

案例2 鯉躍龍門，一夕成名

趙本山，中國家喻戶曉的演藝巨星，於1990年參加央視春節聯歡晚會一舉成名，被譽爲「小品王」。小瀋陽，本名沈鶴，東北二人轉演員，於2006年10月正式拜師趙本山門下。

師徒倆結緣於第一屆「本山杯」二人轉大賽，小瀋陽的表現讓趙本山留下深刻的印象，加之其弟子經常在趙本山面前敲邊鼓地提起小瀋陽。2006年5月的某一天，小瀋陽接到了趙本山的電話，這眞是一通令他改變命運的電話。拜師之後，小瀋陽的努力與積極進取向上之心也是有口皆碑，而趙本山亦是不遺餘力地提攜這位日益嶄露出舞台天賦的徒弟。

2009年的央視春節聯歡晚會上，小瀋陽與師父趙本山搭檔演出小品《不差錢》，終於讓他嶄露頭角，一夕暴紅，成爲全國家喻戶曉的演員。

在東北地區演藝二人轉的高手多如過江之鯽，人才輩出，光是趙本山的弟子就爲數不少，爲何僅小瀋陽能名揚千里呢？

筆畫	姓名	境
1		環境15（1+14）
14	赵（趙）	心境19（14+5）
5	本	情境8（5+3）
3	山	

處境22 △（14+5+3）

筆畫	姓名	境
1		環境9（1+8）
8	沈	心境29（8+21）
21	鹤（鶴）	情境22 ▽（21+1）
1		

處境29（8+21）

磁場解說與互動

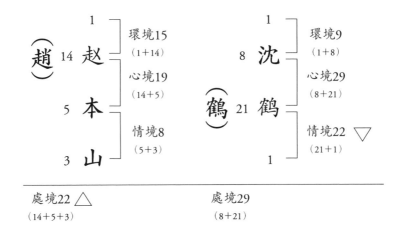

△ ▽：表示情處合；沈的情境數22，相同於趙的處境數22稱之。數字相合者其磁場強度爲地合中之最。

鑑往知來修心性

師徒：一日為師，終身為父

「師者，傳道、授業、解惑也」，一日為師，終身為師，好的老師是一輩子的恩人、一輩子的貴人，因為他的一句話、一個點撥、提醒，或一個舉手之勞的助力，都有可能影響學生一輩子。不論在軍事、政治、商界、學界等，不乏有許多師徒檔或師徒一脈相承的不成文制度產生，說穿了，就是自己人好辦事的思維。

所以要成功，尋求良師是致勝關鍵之一，不同階段需要不同的良師指導，這些都需要有向上攀登與攀附的進取心。美國第34任總統艾森豪威爾將軍在西點軍校時成績平平，表現一般。第一次世界大戰時，他的同學大多立下汗馬功勞且步步高陞，他卻在內勤擔任參謀職務，毫無表現機會。

聰明的他知道要想成功必須要「師出名門」，跟隨良師是唯一捷徑，於是努力請調到當時備受推崇的福克斯·康納將軍麾下，拜師學藝，兩人名為師徒，實情同父子，在恩師的促成與提拔下，至此展開了輝煌的政治生涯。正如艾森豪威爾在自傳中寫道：「這一切的成果都要歸功於我的精神導師康納將軍。」

有時良師與否取決於你的態度與作法，一般人都僅是師徒身分，而沒有進一步情誼關係，這是一大損失。要想進一步必須適時表現，讓他注意你，傾聽後多問一些問題，師徒關係就會自然建立起來。良師一定是貴人，只要好好經營，必可輕鬆地藉巨人的肩膀，跨出成功的一大步。

雙向迴流的威力

雙向迴流是一種難能可貴，可遇又不可求的貴人磁場。它代表著雙方有強烈的互動、互補，進而互助的磁場，是一種付出與回報相等的磁場；不斷的灌溉與經營此種磁場是必要的，因爲它攸關雙方互補、互助的高度與深度。

以合夥關係爲例，可表示雙方默契有多大，舞台就有多大。其構成要件如下圖：

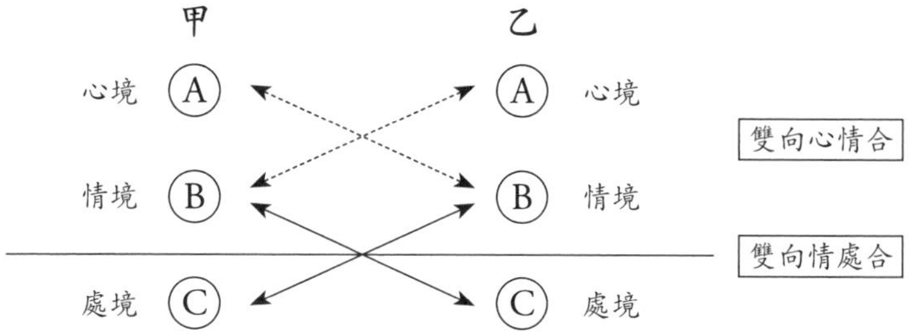

雙向心情合：甲A與乙B合，同時乙A也要與甲B合稱之。

雙向情處合：甲B與乙C合，同時乙B也要與甲C合稱之。

案例1 陳橋兵變，黃袍加身

宋太祖趙匡胤的天下，趙普當居首功無疑，無論是在「陳橋兵變」前的北漢與契丹合勢，聯兵入侵，還是禁軍將領們有組織、有計畫的勸進，到猶抱琵琶半遮面，千呼萬喚始出來的黃袍加身，乃至後來的「禪讓文書」等，無一不是精心策畫的結果。

「陳橋兵變」目的是登上龍椅，登上後如何穩坐龍椅，避免類似黃袍加身事件的再次發生，這是趙匡胤最頭痛的問題。於是趙普又精心策畫了一齣「杯酒釋兵權」的大戲，實現了兵權釋、隱患除、江山固的目的。

在這場戲裡，石守信、王審琦、高懷德等宿將，在趙普的算計中，趙匡胤的恩威利導下和平交出兵權。與漢高祖劉邦、明太祖朱元璋之國已定、弒功臣的作法相較下是極爲寬和與仁慈。

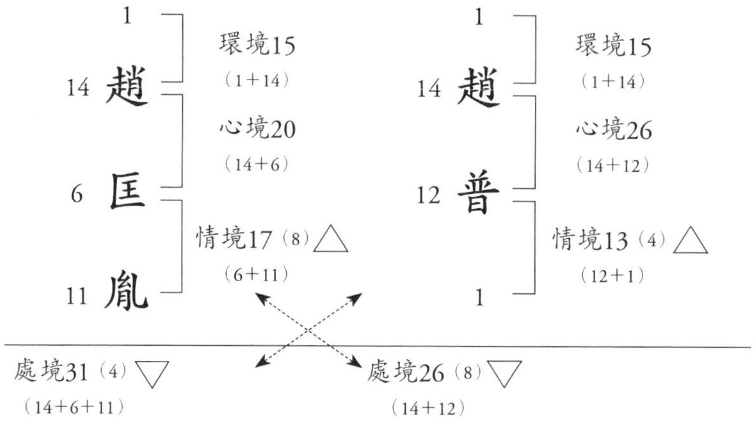

磁場解說與互動

△▽：表示雙向情處合；趙匡胤的情境合數爲8（1＋7）相同於趙普的處境合數8（2＋6）。同時，趙普的情境合數4（1＋3）相同於趙匡胤的處境合數4（3＋1），且爲「母子互補」，其能量更強。

雙向迴流的「情處合」其意涵有心領神會對方的意圖，並且盡其所能的將對方的意圖轉化爲貫徹的執行力，按現在的語言，可比喻爲對方「肚子裡的蛔蟲」一般地知曉對方。

案例2 相知、相惜一世情

20世紀20年代，周恩來與鄧小平相逢在歐洲，原本天各一方，素不相識，由於歷史的因緣際會和共同人生目標的追求，促使他們走到一起，遂成爲志同道合的至交與親密的戰友，兩人從相識、相知到相惜經歷過半世紀的烽火及政治的摧殘，其交情有增無減。

眾所周知，鄧小平極具戲劇性的三落三起，非常人所能承受，正如鄧小平在卡特總統歡迎的國宴上說：「如果對政治上（能爲）東山再起的人設立奧林匹克獎的話，我有資格獲得金牌。」這不僅是中國政治史上，而且更是世界政治史上不可思議的奇蹟。其中鄧小平的高度政治智慧及身處逆境的人生觀「忍耐與等待」，加之周恩來長期默默的關懷與關鍵時刻的支持與力薦，才會有此結果。

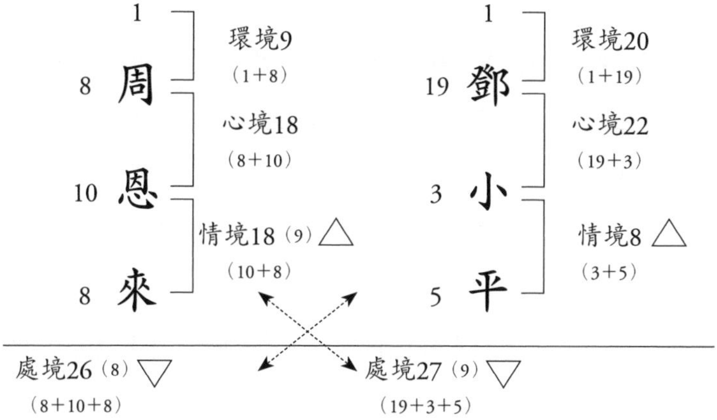

磁場解說與互動

△▽：表示雙向情處合；周的情境合數9（1＋8）相同於鄧的處境合數9（2＋7）。同時，鄧的情境合數8相同於周的處境合數8（2＋6）稱之。

周、鄧兩人具有「情處合」的雙向迴流，其深厚情誼可追溯到上個世紀的20年代初。遠的不說，僅就1975年的下半年（周逝世於1976年1月8日），周恩來病情加重，當其得知毛澤東對鄧小平的信任再次出現危機時，毅然決然地提筆再一次舉薦鄧小平，以顫抖的手哆嗦著寫信給毛澤東，向其提議仍讓鄧小平取代自己在黨和國家中所任的職位。周恩來即使在彌留之際也未曾忘記支持鄧小平的接班舉措，這即是雙向「情處合」的最佳詮釋。

案例3 星海沉浮，貴人攙扶

任賢齊，台灣男歌手兼影視明星。在台灣、香港、大陸和各地華人地區均享有很高的知名度。陳煥昌，筆名小蟲，台灣男歌手，歌曲作詞、作曲家，擁有多首膾炙人口的歌曲，其中〈心太軟〉和〈對面的女孩看過來〉曾多次獲獎。

1990年任賢齊於大學四年級加入新格唱片後星海沉浮，畢業後當兵兩年，1994年新格公司被滾石唱片收購，小蟲在滾石任音樂製作人，與李宗盛、羅大佑並稱爲三大音樂教父。

小蟲回憶：「那家公司被收購後，原有的簽約歌手大多被解約，滾石只與原有的兩個歌手續了約，任賢齊是其中之一。其實當時與他簽約時，大家都表示反對，包括李宗盛，但我看好任賢齊。」簽約後，小蟲忙於其他歌手以及電影音樂的製作，無暇顧及任賢齊。

一晃3年過去，當電影《白玫瑰與紅玫瑰》的音樂製作完成後，小蟲自上海返回公司時，得知任賢齊的3年合約已到期，老闆不再續約。小蟲這才意識到這3年竟把小齊給忘了。

於是小蟲力排眾議，讓老闆留下小齊，並專門爲他量身訂做，寫了一首歌曲〈依靠〉，並且親自帶任賢齊去美國錄製〈依靠〉、〈心太軟〉。唱片一發行旋即紅遍了大陸及東南亞地區，他也是極少數從外地紅回台灣的藝人。

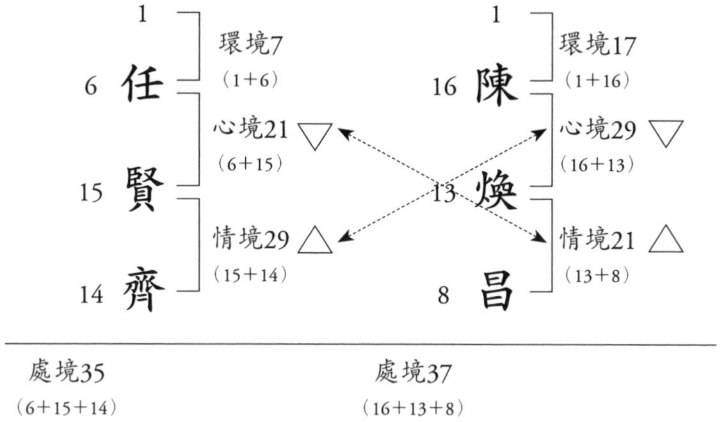

磁場解說與互動

△▽：表示雙向心情合；小齊的心境數21相同於小蟲的情境數21，同時小蟲的心境數29相同於小齊的情境數29稱之。

小齊與小蟲的雙向心情合是「數字」相同，而非「合數」相同，此種能量在貴人磁場中最強，也難怪小蟲會力排眾議，堅決力挺小齊，造就了今日的任賢齊。

心情、情處合一的力量

它代表著「知」與「行」合一，亦即一方之想法或意圖，另一方即「知」且「行」，也就是心領神會並落實執行，它同於雙向迴流的「雙向情處合」；就專注力而言「心情、情處合一」爲強，就回饋力則「雙向情處合」爲強。

構成要件如下圖：

1. 甲B分別同時與乙A及乙C合，反之亦然，稱「心情、情處合一」。

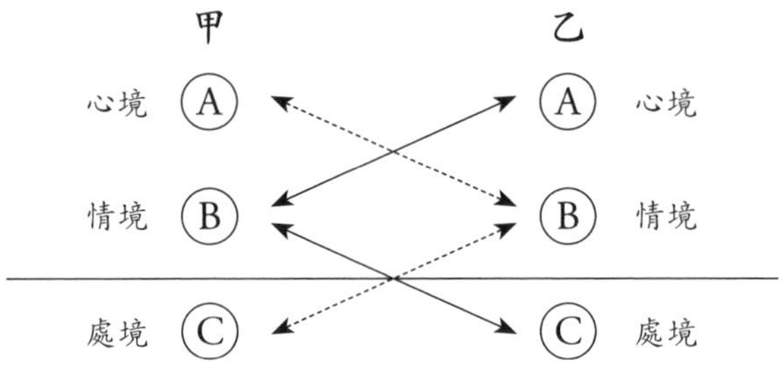

2. 數字相同者，能量最強；合數相同者次之。

案例1 單騎救主、智勇雙全

趙雲，字子龍，一生歷經七十餘戰皆未敗過，故有「常勝將軍」之美譽。在三國數十寒暑的烽煙歲月中，出了多少英勇威武、豪情萬丈、衝鋒陷陣的文韜武略之才，但在這諸多受人景仰的英雄豪傑之中，擁有最完美的形象者非趙子龍莫屬。

趙雲不爭名、不奪利、不居功、驍勇善戰、謹慎細心、沉著穩重、德才兼備，備受諸葛亮賞識及重用。每當遇到有重大的任務時，諸葛亮總是說：「非子龍不可行也。」事實證明在多起關鍵時刻指派隨行任務中，諸葛亮多倚重趙雲。例如：諸葛亮三氣周瑜是《三國演義》最精采的故事之一，年輕氣盛的周瑜被足智多謀的諸葛亮氣得吐血，最後在「既生瑜何生亮」的長嘆中，英年早逝，給後人留下無數嘆息。小說雖有矮化周瑜，神化諸葛亮之嫌，但當諸葛亮前往東吳弔祭周瑜時，指派趙雲隨侍左右，眾多吳將都欲除之而後快，但因趙雲帶劍相伴，致使吳國將領無人敢動諸葛亮。

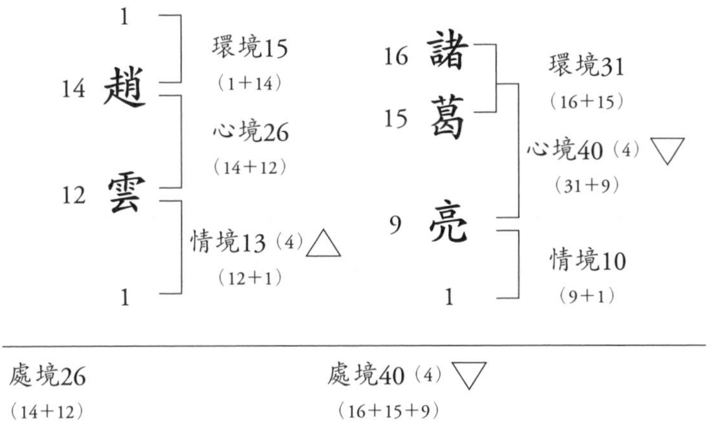

磁場解說與互動

△▽：表示心情、情處合一；趙雲的情境合數4（1＋3），同時相同於諸葛亮的心境合數4與處境合數4稱之。

蜀國五虎將：關羽、張飛、馬超、黃忠及趙雲，爲何諸葛亮唯獨情有獨鍾地倚重趙雲？除了忠肝義膽、武藝高強、膽大心細、智勇雙全外，貴人磁場的「心情、情處合一」扮演著相當重要的角色。磨合後的信任將昇華爲信賴與倚重。

鑑往知來修心性

忠誠：忠心赤膽、誠心竭力

諸葛亮的鞠躬盡瘁、死而後已，代表了對國家的忠誠，不辭勞苦、盡心盡力的報效國家，至死方休。忠誠是一個成功人士所必備的條件，就如同車子與煞車的關係，車子（成功）再好再快，如沒有煞車（忠誠）那也是枉然。

忠誠是赤誠無私、盡心竭力的付出；是一種高尚品格的表現，也必然會有因「施」而得到「受」的回饋。因為你的忠誠贏得老闆或朋友的信任、信賴進而倚重，將你視為左輔右弼或知己好友，關鍵之時，才會把重要的事託付給你。

因為忠誠才會設身處地為對方著想，急人所急，憂人所憂，勇於承擔，唯有忠誠的表現才能獲得重用、拔擢，邁向成功之路。

案例2 毛遂自薦，一展長才

趙勝，平原君，東周戰國時期著名的政治家，以善於養士而聞名，門下食客數千人，與齊國孟嘗君田文、魏國信陵君魏無忌、楚國春申君黃歇合稱「戰國四公子」。

秦國攻打趙國並包圍其首都邯鄲，趙王派平原君前往楚國，遊說楚王合縱抗秦。平原君想從門下食客挑選二十個文武兼備的人一起前往楚國。結果只選得十九人，剩下一人挑不出來。食客中有個叫毛遂的人，向平原君自我推薦，最終平原君同意讓毛遂一同隨行前去。

至楚國，平原君和楚王議談訂立合縱盟約之事，從早上到中午，任平原君如何曉以利害關係，均無法說服楚王。於是，在另外十九人的鼓動下，毛遂手握劍柄登階至殿堂上，態度強硬，義正辭嚴，慷慨激昂地向楚王分析合則兩利，分則兩害的情勢，最終以其三寸不爛之舌說服楚王同意簽定盟約。

平原君返回趙國後自慚地說：「我不敢再鑑識人才了。我鑑識人才多至上千人，少則數百人，自詡不會漏失天下賢能之士，如今竟遺漏毛先生。毛先生一到楚國，就使趙國的地位比九鼎大呂的傳國之寶還具分量。其三寸之舌，猶勝百萬大軍。」此後將毛遂奉爲上賓。

1
14 趙 環境15（1+14）
心境26（8）▽（14+12）
12 勝
情境13（12+1）
1

1
4 毛 環境5（1+4）
心境20（4+16）
16 遂
情境17（8）△（16+1）
1

處境26（8）▽（14+12）　　處境20（4+16）

磁場解說與互動

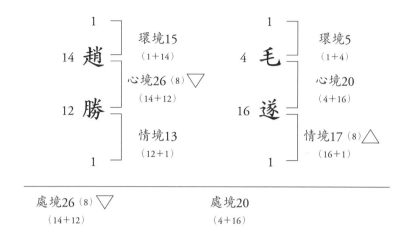

△▽：表示心情、情處合一；毛遂之情境合數8（1+7），分別相同於趙勝的心境合數8與處境合數8稱之。

毛遂自薦時，平原君問：「如果錐子放在袋子中，尖銳處一定會露出來。怎麼沒有聽說過你呢？」毛遂則說：「我今日才要求放到袋子中，如果早把我放在袋子中，整個錐子一定早已刺出來了。」於是平原君同意毛遂隨行到楚國。

若是沒有「心情、情處合一」的貴人磁場，事前平原君可能不答允其同行，其後也不會有如此強大「貴人能量」的釋放。

鑑往知來修心性

自薦：創造機會vs.坐等機會

脫穎而出與懷才不遇只是一線之隔，關鍵在於如何「突破」這薄如蠶絲的一線之隔。自薦則是一個極佳的方法，化被動為主動，爭取「脫穎」的機會。

我們常常聽到或看到一些人感嘆自己生不逢時，時不我與或懷才不遇等沮喪、消極之言，自認空有一身好本領，卻沒有施展舞台。

其實「舞台」一直都在那裡，只是我們常犯的錯誤是等著主持人請我們上台，或百尋不著登上舞台之階梯。天助自助者，上天是不會對那些不採取行動的人伸出援手。

人分三種：先知先覺的人創造機會，後知後覺的人把握機會，不知不覺的人錯失機會，把機會當成誤會（誤判而錯失機會）。

機會通常不會自己找上門，很多時候必須主動去尋找（創造），一如尋找登上舞台的「階梯」一樣，如此方能有機會粉墨登場，一展長才，演出一齣另人刮目相看的好戲，博得滿堂彩，名利雙收，躊躇滿志而歸。

毛遂因其敢於向平原君推薦自己，為自己找到一個登上舞台的階梯，方能在舞台上發光發亮，千古傳唱。

案例3 毛遂自薦之現代版實例

筆者憶及數年前於內地規畫一大型購物中心時，有一相談甚歡的友人，服務於該公司關係企業的副總經理，某一日前來找我，告知該公司的總經理一職出缺，董事長欲從公司內部五位副總經理中挑選一位，依資歷他排第二，但排第四者爲董事長的親戚，言下之意，前後都輪不到，頗爲感慨。

筆者隨即索取友人出生日期及相關資料後細算一番，建議友人：

1. 以毛遂自薦的方式，帶齊相關績效報告向董事長行銷自己，並闡述如何帶領公司更上層樓。

2. 他與董事長的貴人磁場契合度居五位之首，同時流年又居「臨官」之位，亦居五位流年強度中之前兩名，勝算八成有望，如不主動爭取將錯失良機。

數週後，筆者接獲友人電告，已雀屏中選，因其在董事會的精采報告及自我行銷的強烈企圖心，深獲董事長的賞識，破例拔擢。爲何會深獲董事長的賞識呢？

答案是「貴人緣」，也就是貴人助力，當然流年的強弱亦扮演著舉足輕重的角色，但若無貴人磁場，再強的流年也是惘然，如下圖。

友人姓肖，董事長姓孟，因其雙方均在位，友人希望隱其名，故僅以筆畫數字代替之。

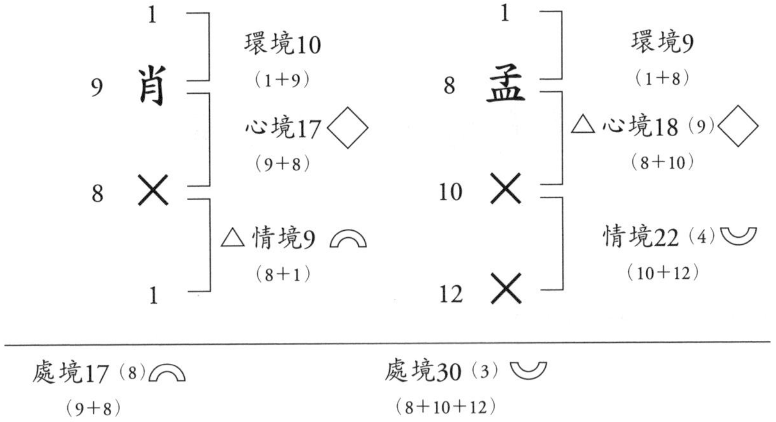

磁場解說與互動

肖、孟兩人具有三種貴人磁場，分述如下：

◇◇：表示心境配；雙方於心境數17、18相配，賞識與提攜是其內涵。

△▽：表示心情合；孟君之心境合數9，相同於肖君之情境合數9稱之；「我知你心，你曉我意」是其內涵。

◡◠：表示天合；兩人同時具有：

①情境天合：孟君之情境合數4，肖君之情境合數9。在天合中，4、9合於西方秋收位，代表著豐收的希望。情境司掌三情一位，一位代表財位，也意涵著因升官而使財位豐收（升官發財）。

②處境天合：孟君之處境合數3，肖君之處境合數8，在天合中，3、8合於東方春耕位。處境爲一生的舞台，代表著兩人具有開疆闢土的正能量磁場。

綜觀上述，如此之貴人磁場組合，實屬難得。然肖君與董事長僅有數面之緣，如何啓動此一貴人磁場是當務之急。天合重「吸引」；地合重「磨合」，故毛遂自薦不失爲良策之首選。

活學活用

認真的女人最美麗

案例1 章子怡生命中的三大貴人

眾人皆知，章子怡在演藝生涯中有三位大貴人：

第一位是帶領她進入演藝界的張藝謀；第二位是將她推升至國際舞臺的李安；第三位則是讓她的演藝事業備受肯定，成爲一代巨星的王家衛。

這三位貴人好似老天的安排一樣，一個個地依序接棒，其中貴人磁場扮演了相當重要的角色。

正如章子怡在第四屆中國電影導演協會年度表彰典禮上對著這三位導演說：「你們每個人的名字在我的生命中都是一段非常精采的故事。」

章子怡因廣告試鏡而結識該廣告的執導者張藝謀，最終廣告胎死腹中，一年後，接獲張的電話，請其主演由他執導的電影《我的父親母親》中的女主角招娣，因而一夕爆紅，經由這部電影，章子怡從一個中央戲劇學院的學生，一躍成爲了中國知名演員。情處合在此扮演了不可抹滅的牽線者。

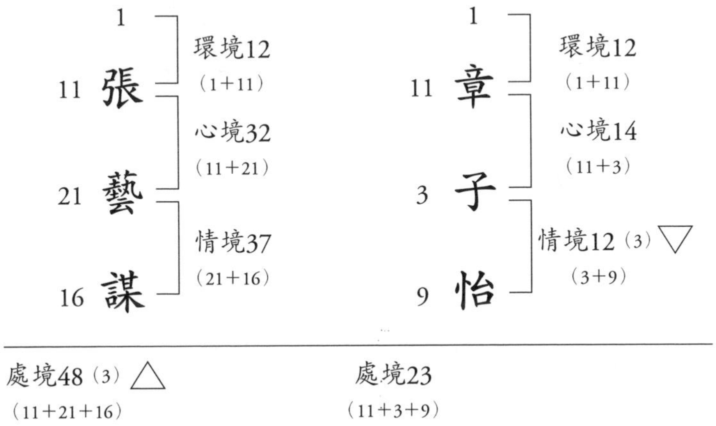

磁場解說與互動

△▽：表示情處合；章子怡的情境合數3，相同於張的處境合數3稱之，其內含爲「命中有你，希望相隨」。

《臥虎藏龍》之玉嬌龍一角，李安原屬意舒淇，後因片約撞期而遭婉拒。斯時張藝謀將章子怡推薦給李安，追求完美的李安也不得不在「心境配」與流年貴人的催促下接受。其後章子怡的努力、搏命的演出，深獲李安的讚許，也正因此片使章子怡成爲國際知名影星。

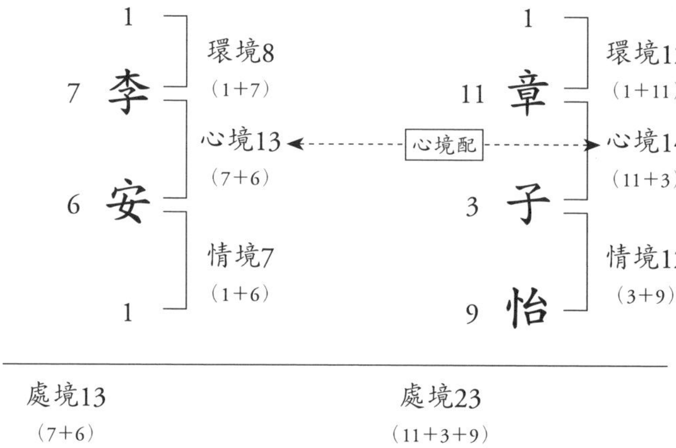

磁場解說與互動

1. 李安的心境數13，章子怡心境數14，形成「心境配」。
2. 章子怡（1979年2月9日出生），臥虎藏龍拍攝在1999年底到2000年5月殺青上演，斯時章子怡虛歲22（合數4），與李安的處境數13（合數4）相合，此時期稱流年貴人（參閱第八章有詳盡說明）。

王家衛是章子怡的第三位導演。兩人合作過影片《2046》和《一代宗師》。章子怡對王家衛的評價是「藝術偏執狂，是為電影而生，用生命在拍電影」。又說：「拍他的片子會受盡折磨，但他能讓你成為更好的演員。他不給你任何結論性的描述，讓演員在創作過程中一點一滴去尋找人物的個性和狀態。」章子怡對王家衛讚譽有加，推崇備至。

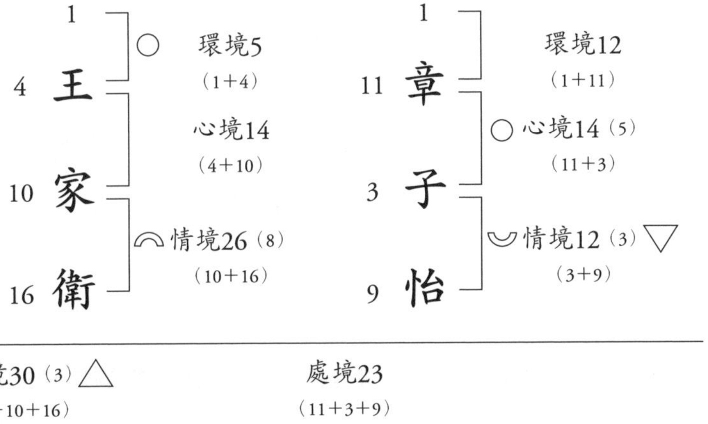

磁場解說與互動

△▽：表示情處合；章的情境合數3，相同於王的處境合數3稱之，其內涵為「命中有你，希望相隨」。

◡⌒：情境天合；章的情境合數3，王的情境合數8。在天合中，3、8合於東方，有共創未來的春耕磁場。

○○：環心合；王的環境合數5，相同於章的心境合數5，它的功能是催化作用，有加乘的效果。

案例2 楊瀾生命中的兩大貴人

楊瀾，中國家喻戶曉的電視名主持人及陽光媒體投資控股有限公司主席。身兼媒體人及企業家於一身。有「中國的歐普拉」之稱。主持過多檔膾炙人口的談話性節目，如《楊瀾訪談錄》及《天下女人》等。

剛從北京外語學院畢業的楊瀾，即參加中國中央電視台新節目《正大綜藝》主持人的徵選，於數千人中脫穎而出，後因口齒清晰、思緒敏銳，隨即平步青雲，1994年更是榮獲中國首屆電視節目主持人的「金話筒獎」。

在旁人看來，這表示楊瀾的事業邁入另一個高峰，接下來就是坐享成果所帶來的名與利，但一個有企圖心的人不會安於現狀，有智慧的人都是在得意中找出路，接下來就是灰姑娘奇遇記，巧遇生命中兩個大貴人。

第一個貴人

1993年底，《正大綜藝》節目的製作廠家，正大集團董事長謝國民*以樂於提攜有潛力的後進而聞名，在與楊瀾餐敘時，提出了一個改變她一生的機會，贊助她前往美國深造，一個無需回報的贊助，只因她是可造之才。深思後，楊瀾毅然決然地拋開家庭、事業，孤身前往紐約闖天下。但爲何謝國民如此賞識楊瀾，而又無怨無悔、不求回報的付出呢！

---

* 謝國民，泰國正大國際集團董事長，卜蜂國際集團主要股東。泰籍華人。曾被喻為「亞洲最傑出的企業家」。正大為一跨國性投資集團在全球擁有超過50家公司及企業。

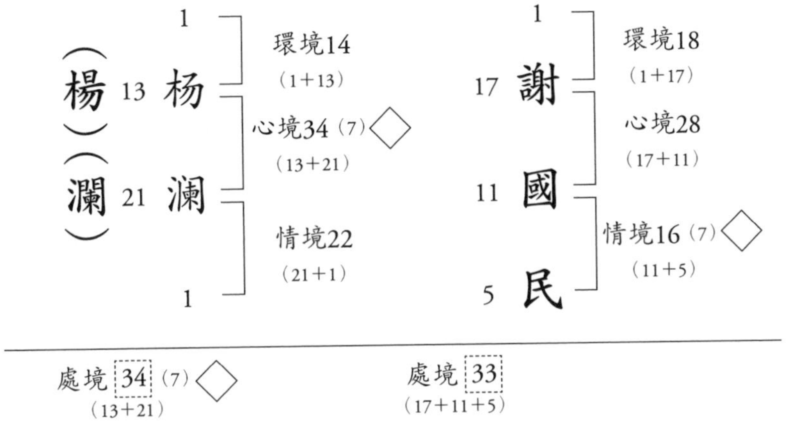

磁場解說與互動

◇◇：表示心情、情處合一；謝的情境合數7，分別相同於楊瀾的心境與處境合數7。

⬚⬚：表示處境配：兩人之處境數33、34爲配。就貴人磁場學而言，這無悔、不求回報的贊助實因雙方俱有一「配」（處境配）及一「合」（心情、情處合一）的強大貴人磁場所致。

曾經滄海難爲水，除卻巫山不是雲

處境34爲一轉折數（參閱黃金切割率／費氏數列），轉折就是轉變，也就是變中得機。

海峽兩岸三地，政界、商界在處境數有34畫者，都是在蛻變中成長，勇於蛻變者才有契機，墨守成規者一事無成。政界有李登輝、宋楚瑜等；商界有蔡衍明、郭台銘、馬化騰等人。楊瀾的處境數爲34，自當無法例外，每一次的轉變都是再一次成長的契機。

在謝國民的贊助下，楊瀾出國留學的經費已無虞，不久即拋開丈夫、家庭、事業，孤身前往美國紐約闖天下。

在美國，已婚的楊瀾遇到了心目中的眞命天子，是一個可以改變她一生的重要男人，於是她毫不猶豫地又做了一個人生重要的抉擇。

有人形容楊瀾的智慧在於能適時地把握時機，事實證明，她與這位眞命天子吳徵，乃眞是天作之合，同時也是她生命中的第二個貴人，如下圖。

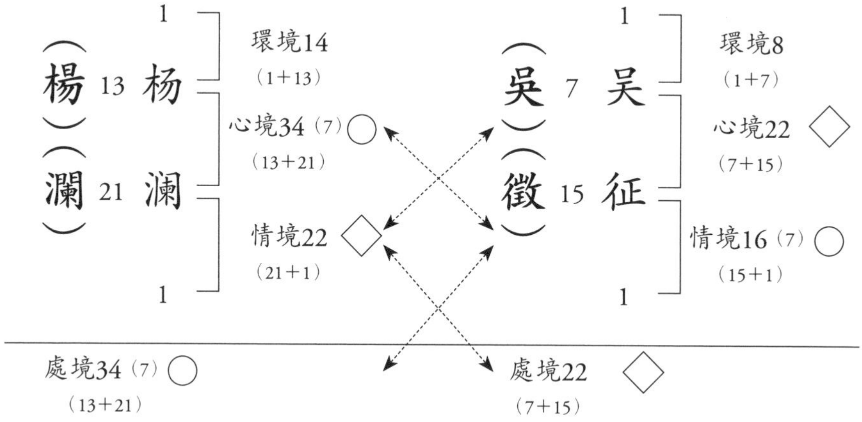

就貴人磁場學而言，夫妻二人具有極爲罕見的兩對「雙向迴流」；「雙向心情合」與「雙向情處合」，實爲千萬人中難選一對。

夫妻其實也是另類的合夥關係，主內、主外，主陽、主陰均須依勢協調與配合及必要時的互換，此爲陰陽之精髓，顯然夫妻二人已修得陰陽之三昧眞火，加之天作之合的禮物（兩對雙向迴流），此後心有多大，舞台就有多大。

鑑往知來修心性

出路：欲窮千里目，更上一層樓

人生有兩難：「抉擇」難，「取捨」更難。

在人生的旅途中不斷重複地面臨著這兩難：「何去何從」與「去留取捨」的窘境。人生最重要的往往不是努力、不是奮鬥，而是抉擇與取捨。

世界上有多少才華洋溢的失敗者，難道他們缺乏努力嗎？世界上有多少高學歷的無業遊民，難道他們缺乏奮鬥嗎？是錯誤的抉擇與取捨，導致全盤皆墨。

老闆再好也只能給你一個好職位，無法許你一個未來；舞台再大，也有曲終人散之時，安於現狀，不知進取就是最大的陷阱與危機。

成功者多是在得意時找出路，找尋一條能使自己更上層樓的道路，得意如同順水行舟般地快意前行。失敗者則都是在失意時找退路，一覺驚醒夢中人，往事前塵南柯夢，一種時不我與的感嘆不斷地湧上心頭。

第 4 章

打開貴人之「天門」

天合

天作之合、先天契合

天合者，天作之合，這是一個老天爺給的禮物，天合有時不需認識即可達到契合之目的。天合之分類與意涵如圖：

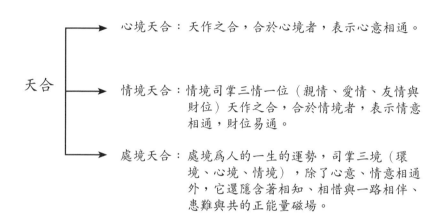

- 天合
  - 心境天合：天作之合，合於心境者，表示心意相通。
  - 情境天合：情境司掌三情一位（親情、愛情、友情與財位）天作之合，合於情境者，表示情意相通，財位易通。
  - 處境天合：處境爲人的一生的運勢，司掌三境（環境、心境、情境），除了心意、情意相通外，它還隱含著相知、相惜與一路相伴、患難與共的正能量磁場。

天合之精髓——「吸引」

試想一隻孔雀未開屏時與雞何異？乏人觀賞。一旦孔雀開屏，立即吸引眾人之目光，前後判若「兩禽」。所以天合雖是先天契合，但也需要有一方的凸顯與表現，方能吸引住另一方與你有天合之人。

「天合」的數字取自於中國河圖*，圖中白點爲陽，黑點爲陰，陰陽合爲一組。如圖3-1所示，爲「天合」之正、負能量，依所在位置不同而有所迴異。

* 在黃河出現背上有圖形的龍馬，在洛水出現背上有圖形的神龜，聖賢之人依其製作出八卦。孔子一向排斥怪力亂神之說，但對「河圖」、「洛書」則研究至深，並參透其間的數理邏輯。河圖與洛書這兩幅神秘圖案，深深影響我中華文化的發展，不論在哲學、政治學、軍事學、倫理學、美學、文學諸領域均產生了深遠影響。

圖3-1 河圖示意圖

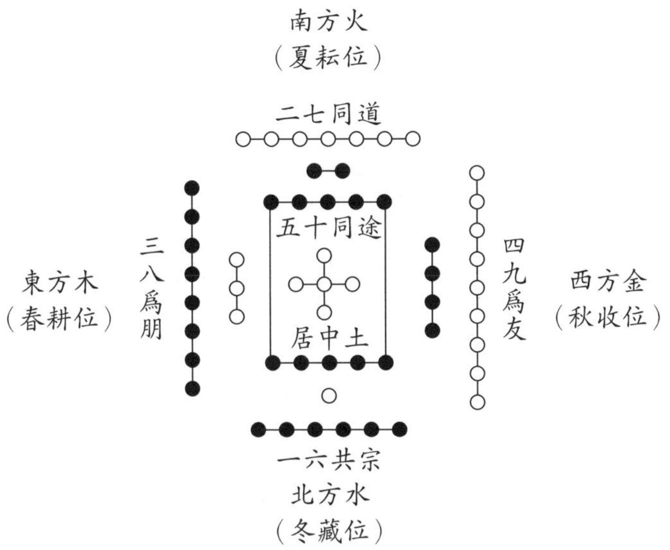

◆**1、6合於北方：**

寒冬之際，正能量代表權力、名聲等的賦予；負能量：暗鬥，權力篡奪。

◆**3、8合於東方：**

春耕時分，正能量代表共同打拚；負能量：明爭、破壞。

◆**2、7合於南方：**

夏耘之季，正能量代表亮麗、知名度提升或水漲船高等；負能量：分道揚鑣。

◆**4、9合於西方：**

秋收時節，正能量代表豐收穫利；負能量：秋後算帳或秋決時分。

◆**5、10合於中土：**

四季之時，正能量代表凝聚之力，負能量：離心之力。

心境天合

案例1 知音難覓，千古傳唱

鍾子期，名徽，字子期，春秋楚國人；伯牙，伯姓名牙，晉國大夫。某日伯牙坐船出遊，途中遇到大雨，船停泊於岸邊，撫琴撥弦彈奏自娛。岸邊的樵夫鍾子期讚嘆地說：「美妙的琴音如巍巍的高山，如滔滔的河水。」伯牙驚喜萬分，終於找到了知音，兩人結爲金蘭，相約翌年中秋節再見。

屆時，伯牙依期赴約，但鍾子期已去世。伯牙頓失知音，十分悲痛，於是在鍾子期墓前鼓琴一曲後說：「知音已失，我不再鼓琴了。」說畢，將琴摔碎。

1
17 鍾
17 徵
1

環境18（1+17）
心境34（7）⌒（17+17）
情境18（17+1）

1
7 伯
4 牙
1

環境8（1+7）
心境11（2）◡（7+4）
情境5（4+1）

處境34（7）⌒
（17+17）

處境11（2）◡
（7+4）

磁場解說與互動

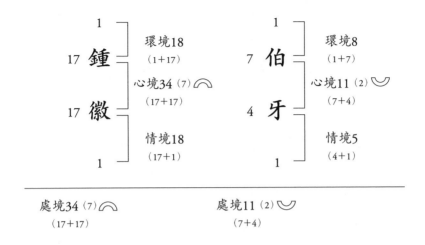

⌒◡：表示天合；伯牙的心境與處境合數均爲2，鍾徵的心境與處境合數均爲7，形成雙方的心境與處境天合。前者具有心意相通，後者爲相知相惜，一路相伴的磁場。伯牙所想，鍾子期必得之，這就是心意相通，先天契合（心境天合）的最高境界。

鑑往知來修心性

知交：人以信立、曲高和寡

在家靠父母，出門靠朋友，足以說明朋友的重要性。鍾子期與伯牙的默契與知遇，重義與守信千古傳唱，而兩人間的重義與守信也被後世人列為交友不可或缺的要件。

「伯牙摔琴謝知音」這則感人肺腑的故事，幾千年深植人心。人生得一知己，死而無憾，但也說明了人生知交的難求。

尤以在當今朋友的結交中多建立在利益之前，見利忘義、背信求功，甚至不擇手段之巧取豪奪，反目成仇，置信義、承諾於不顧者比比皆是，加害者也往往是至交親信，因了解而深知其要害。

俗語說：「七尺之軀，傷其身只需三寸。」交友宜小心謹慎為上，切勿將損友當知己，否則一失誤將成千古恨。

案例2 但願人長久，一代歌后鄧麗君

鄧麗君，本名鄧麗筠，一代歌后不朽的傳奇，其甜美繞樑的歌聲曾經撫慰十數億華人的心靈；她的盛年早逝讓無數歌迷為之心碎黯然。

莊奴，本名王景羲，為知名作詞家，寫詞逾五十載，作品超過3000首歌曲，創作範圍極廣，在台灣有「詞壇泰斗」之稱。鄧麗君所演唱的歌曲，其詞多為莊奴所填，故在演藝界流傳一句話：「沒有莊奴，就沒有鄧麗君」。著名的歌曲有〈甜蜜蜜〉、〈小城故事〉、〈原鄉人〉等。

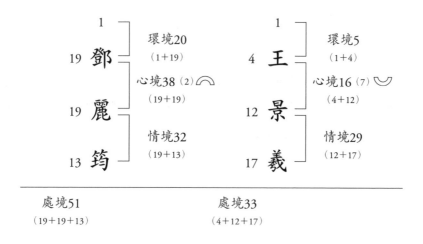

1		
		環境20（1+19）
19	鄧	
		心境38（2）⌒（19+19）
19	麗	
		情境32（19+13）
13	筠	

處境51（19+19+13）

1		
		環境5（1+4）
4	王	
		心境16（7）◡（4+12）
12	景	
		情境29（12+17）
17	羲	

處境33（4+12+17）

磁場解說與互動

⌒◡：表示天合；鄧麗君的心境合數2，莊奴的心境合數7，形成「心境天合」。「天合」中2、7合於南方，代表著亮麗與知名度。由於心境相通，莊奴所填的詞，由鄧麗君甜美的歌聲來詮釋，為最完美的組合。這正是心境天合所產生的正能量磁場最佳的說明。

鑑往知來修心性

情長：我只在乎你，月亮代表我的心

鄧麗君的歌曲，曾經撫慰過無數人的心靈。

「問世間情為何物，直教人生死相許。」世間因為有情、有愛、有義，人才活的燦爛，有朝氣，有生機，那些交織在情愛中天荒地老的諾言，青山為憑，明月為證的盟約「死生契闊，與子成說，執子之手，與子偕老」不斷地迴盪在耳邊。

愛是一生的修行，一輩子研究不完的學問，經過歲月的悲歡離合後，眾裡尋他千百度，那人仍占據在心底深處，任你曉鏡但愁雲鬢改，雲淡風輕也化不開的濃情，在歲月中累積的相知相惜，好像玄宗與楊貴妃在長生殿的誓言「在天願作比翼鳥，在地願為連理枝」，情意綿綿中展現了生命的風華。

情境天合

案例 阿里巴巴傳奇

阿里巴巴是亞洲第一大商務公司，旗下擁有淘寶網、天貓、支付寶等購物網站。

2014年中國預估電子商務的占比將占全中國消費的12%，其中「阿里巴巴」一家就占八成，約占中國一成的消費；亦即在中國每十元的消費，就有一元是在阿里巴巴的交易平台上產生，如經換算後，阿里巴巴的交易總額等同於台灣GDP國內生產毛額的四成*。

1999年馬雲與其十八羅漢成立阿里巴巴，經歷了鬼哭狼嚎、屍橫遍野的網路泡沫摧殘，資金是賴以生存最重要的根源，阿里巴巴一共經歷三次重要增資，其中以第一次2000年的增資案難度最高，找上了日本軟體銀行（SoftBank Corp.）的孫正義，經協商後同意出資2000萬美元，化解了燃眉之急。

2000年時值網路泡沫，無數的網路公司血流成河，在此情況下日本軟體銀行的孫正義如何敢出資?!

＊參考資料：今周刊No.889（2014.01.06～2014.01.12）

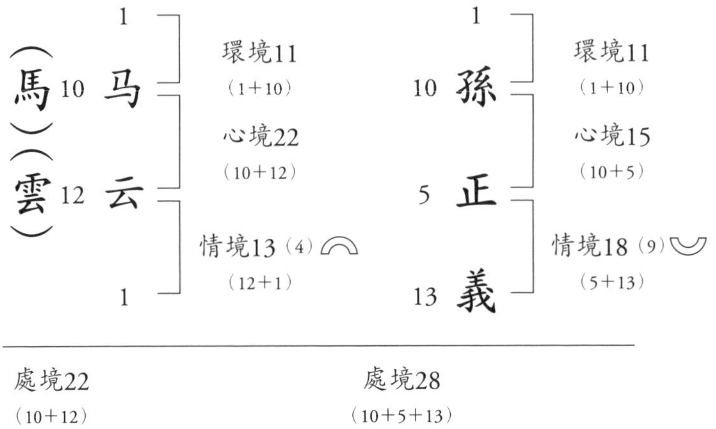

磁場解說與互動

◡◠：表示情境天合；馬雲的情境合數4，孫正義的情境合數9。「天合」中4、9合於西方秋收位。同時具有情意相通與財位易通的內涵。

孫正義（韓裔日籍，日本軟體銀行主席）與馬雲具有「情境天合」（4、9合於西方秋收位），情境司掌三情一位（親情、愛情、友情與財位），合夥、融資、理財通路等均屬之。情境在理財與財理上扮演著極爲重要的角色。但若非「情境天合」（尤其是西方秋收位），縱使能言善道，極具說服力的馬雲加之身旁募資高手蔡崇信*，以當時阿里巴巴羸弱的體質，所談的也都是創造性的模糊美景如同海市蜃樓般地難以捉摸，要能得到融資，實乃未定之天。

* 募資高手的阿里巴巴集團執行副主席蔡崇信將於「移情配」中有詳細說明。

鑑往知來修心性

成功：辛勤努力、歡喜豐收

成功絕非偶然，它是將一件辦不到的工作做為生命中的唯一，專注與堅持後的豐收就是成功，也就是所謂的精誠所至、金石為開。

中國人常說：「生死由命，富貴在天；命中一尺難求一丈。」守株待兔的農夫為了一隻兔子的收穫，而使田園荒蕪，不勞而獲的僥倖與辛勤耕耘的努力將會有截然不同的結果。

成功者多是對自己生涯有所規畫，在世事難盡如人意的情況下，對前人成功與失敗的經驗做為審慎評估之參考後，付諸行動，專注與堅持則是不可或缺的條件。

成功者不盡是聰明絕頂之人，但可確定的是肯努力奮鬥之人，發掘每一個可利用的時機，做自己想做的事，走自己該走的正途。

處境天合

案例1 王不出頭誰做主

姚廣孝，幼時出家爲僧，法名道衍，精通術數、易理，明成祖朱棣的謀士，靖難之役的主要策畫者，輔佐朱棣奪得天下的最大功臣。

洪武十五年，高皇后駕崩，明太祖朱元璋選高僧侍奉各親王，爲其誦經薦福。因緣際會下與燕王朱棣相談甚合，理念一致，在姚的請求下，朱棣將其帶回北平，讓他擔任名爲慶壽寺住持，實際上做爲朱棣的心腹軍師，密談軍國大事。

洪武三十一年，朱元璋將王位傳孫未傳子，燕王朱棣非常鬱悶，時值寒冬，朱棣往窗外望去因感嘆而隨口說了一句「天寒地凍，水無一點不成冰」，身旁的姚廣孝馬上接了下一句「世亂民貧，王不出頭誰做主」！一語驚醒夢中人，謀反之心已現。

建文帝繼位後，採納齊泰、黃子澄建議削藩，姚建議朱棣起兵反叛，朱棣說：「民意都支持朝廷，我們能怎麼辦呢？」姚回答：「臣只知天道而已，何必管什麼民意！」於是朱棣漸下決心，在宮內秘密訓練兵將與製造兵器。

隨後在姚廣孝的多次的力勸、分析與精心的策畫下，燕兵以「清君側」爲名起義，史稱「靖難之變」，最終成功奪取侄子的江山，造就了可比擬漢唐的永樂盛世。

1
6 朱
12 棣
1

環境7（1+6）
心境18（6+12）
情境13（12+1）

1
9 姚
15 廣
7 孝

環境10（1+9）
心境24（9+15）
情境22（15+7）

處境18（9）◠
（6+12）

處境31（4）◡
（9+15+7）

磁場解說與互動

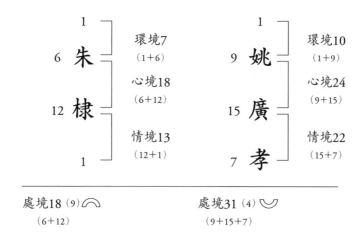

◡◠：表示處境天合；姚的處境合數4，相合於朱的處境合數9稱之。4，9相合於西方秋收位，具有相知、相惜、患難與共的磁場。

初次見面，姚與朱相談甚合、深感理念一致，這就是先天契合的作用，也是姚凸顯自己的才能，因而吸引住與自己有天合的朱棣賞識。

事後的相處與表現使朱棣對姚廣孝由信任轉爲信賴，其後的出謀畫策、運籌帷幄，爲朱棣奠定江山的主要功臣。

鑑往知來修心性

恐懼：戒慎恐懼、裹足不前

每個人心中常會存在一種莫名的恐懼感，一種說不出原因、分析不出的恐懼情緒，一如朱棣欲謀反前的反覆不定，民意所趨，歷史定位與成功與否，充滿了不安與迷惘，患得患失，得之，在歡喜中也存在著不安，失之，則存在著悔不當初的遺憾，種種的矛盾環繞在腦際，耿耿在心中。

在生命中的每個人，或多或少都會有這種過渡性的反應攪亂思緒，但當衝破陰霾，了解因果外在及內在的不確定因素，穩住心念，嘗試驅逐心中的疑惑，找出恐懼所造成的不安，在無常的變化中，盡其所能的化解此不安的心態，突破心理的障礙。裹足不前，自欺欺人，也無法逃避恐懼、勇往直前，反而能衝破黑暗的阻礙。

案例2 十年默默無人問，一夕成名天下知

2004年台灣有所謂的「林志玲」現象，她不但是在短暫的時間內爆紅，也因媒體的報導而牽動了政治、社會、經濟、網路等資源，在極短的時間內，幾乎全台灣人都認識了她，這種以龍捲風席捲的走紅模式，在台灣歷史上可說絕無僅有，而能持續十數年，更應是後無來者，更因此現象也帶動了中、港、台三地的模特兒風潮。

林志玲還沒遇到凱渥老闆洪偉明前，連台步都走不好，在洪偉明全力地教導與提攜下，於短時間內迅速走紅，洪偉明無疑是助她嶄露頭角的大貴人，加之其本身的努力及良好的情緒管理，做人處事應對得宜，在內外兼美的情況下，吸引了另外一位貴人——好萊塢名導演吳宇森將其推上國際舞台，發光發亮。

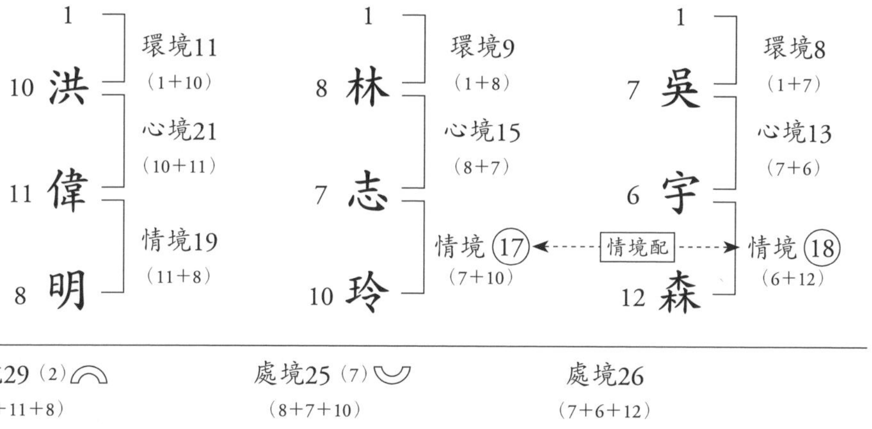

磁場解說與互動

◆洪的處境合數2，相合於林的處境合數7，稱爲「處境天合」，天合數爲2、7合於南方。

◆林的情境數17，吳的情境數18，形成情境配。情有獨鍾，眞情相挺。

林志玲與洪偉明具有「處境天合」，除相知相惜一路相伴的正能量磁場外，又具有2、7合於南方的亮麗與知名度。事實上，她也的確在洪偉明的精心安排與調教下，於短時間內發光發亮，脫穎而出。

林志玲與吳宇森具有「情境配」，也無怪乎挑選她擔任《赤壁》的女主角，一舉將她推上國際舞台。正如林志玲在接受媒體時感恩地說：「吳宇森導演就是自己演藝生涯中的貴人。」

鑑往知來修心性

脫穎：錐處囊中、其末立見

一個有能力或本事的人，就像錐子處於囊中，它的尖端立刻會鑽到外面來，當錐尖外露時，其實才是真正的開始，也是被眾人品頭論足檢驗之時，一舉一動，都須攤在陽光下。

名模的生命週期是很短暫的，有的驚鴻一瞥，有的持續數年即後繼無力，像林志玲能持續十數年而依然不減當年者，實無古人，不減之外尚能愈沉愈香者，應無來者。

總結媒體的論述：林志玲的「美麗、IQ高、EQ更高」為其成功的要件；美麗是名模的標準配備，無須評論，IQ（智商）高可以找一個好工作，EQ（情商）高則可擁有美好的未來。情緒管理好，脾氣就一定好，那麼人緣也必然好，人際關係網必定編織密而實。

心理學家總結四種情緒商數的結論：

有能力有脾氣的人——懷才不遇

有能力沒脾氣的人——春風得意

沒能力有脾氣的人——一事無成

沒能力沒脾氣的人——貴人相助

檢視一下自己的情緒管理商數，是屬於上述哪一型的人。好則褒之，壞則必須棄之。

活學活用

伯樂知遇千里馬

案例 吳小莉的三大貴人

世上不乏千里馬，但缺伯樂，千里馬未遇見伯樂前，充其量不過是一匹精力充沛的馬，但卻埋沒於平庸馬夫之手，遇到伯樂後，放對了位置，它就成爲一匹日行千里，驍勇善戰的神駒。

吳小莉，台灣台北人，鳳凰衛視中文台節目主持人、新聞主播及鳳凰衛視資訊台台長。原爲台灣中華電視公司記者、主播。

甘國亮，香港人，導演、演員及編劇於一身，跨足電視、電台、電影、舞台劇等，被譽爲香港最成功的跨媒體人士。最爲人津津樂道的是其取之不盡、用之不竭的天馬行空的創意，適當又巧妙地運用在所有的文創事業上。

1993年，吳小莉獲得當時香港衛星電視執行董事甘國亮先生的賞識和邀請，離開台灣中華電視台，正式前往香港加入衛星電視中文台，這是兩岸三地的大中華地區第一個衛星電視頻道，覆蓋大中華地區及全球多個國家，也是第一家國際性的華語媒體。

2006年，遠見雜誌曾以標題：「從華視到全球媒體，吳小莉敢飛，才能主播13億人新聞」爲其專題訪問。文中有一句「因爲敢飛，因爲執著，才有今天飛上枝頭成鳳凰的吳小莉」。敢飛之人很多，執著之人更多，若無慧眼貴人識此英雌，也將流於過江之鯽，先有伯樂才能造就出千里馬，無疑地造就出吳小莉的伯樂正是甘國亮這位貴人。

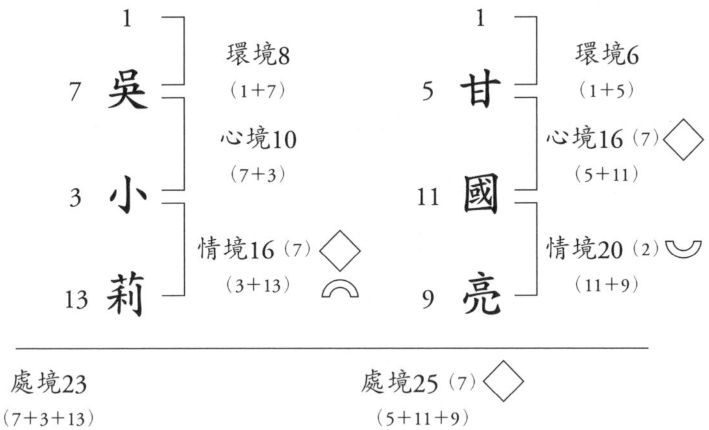

磁場解說與互動

◇◇：表示吳的情境合數7分別相同於甘的「心境合數」與「處境合數」，形成「心情、情處合一」。

◡◠：表示甘、吳兩人之情境合數爲2與7相合於「情境天合」的南方。

天合南方象徵著亮麗與知名度，甘國亮無疑地提供了一個讓吳小利一展長才的舞台，成就其功名與知名度。同時甘、吳兩人又具有「心情、情處合一」的貴人磁場，當天合與地合一經啓動，居上位者會源源不斷提供下位者助力；下位者則以竭盡所能地表現以示回報。

1998年3月19日在「兩會」期間的記者招待會上，朱鎔基總理點到了吳小莉的名字：「你們照顧一下鳳凰衛視台的吳小莉小姐好不好，我非常喜歡她的節目。」

這頓時使吳小莉成爲傳媒界引人注目的一顆明星。同時，也正因爲她所提出的問題使朱鎔基總理暢所欲言、淋漓盡致地發揮，並留下了激昂的宣言：

「不管前面是地雷陣還是萬丈深淵，我都會勇往直前、義無反顧，鞠躬盡瘁、死而後已！」

隨著吳小莉知名度的提高，吳小莉主持的節目《小莉看時事》也成爲鳳凰衛視台的名牌節目。

1998年年底，吳小莉和其他傳媒界朋友一起採訪領袖雙邊會議。在吉隆坡她再一次成爲傳媒界的寵兒，因爲江澤民主席也點了吳小莉的名。

11月15日，當江澤民主席進入會場，聽說有香港媒體在場時，本能的往該媒體望去，當一看見了她，主席就笑說：「吳小莉，吳小莉，現在成了有名人物了。」吳小莉激動地說：「謝謝主席！」

老天爺爲何如此青睞，讓全世界華人中最有權力的兩個人欽點其名呢？

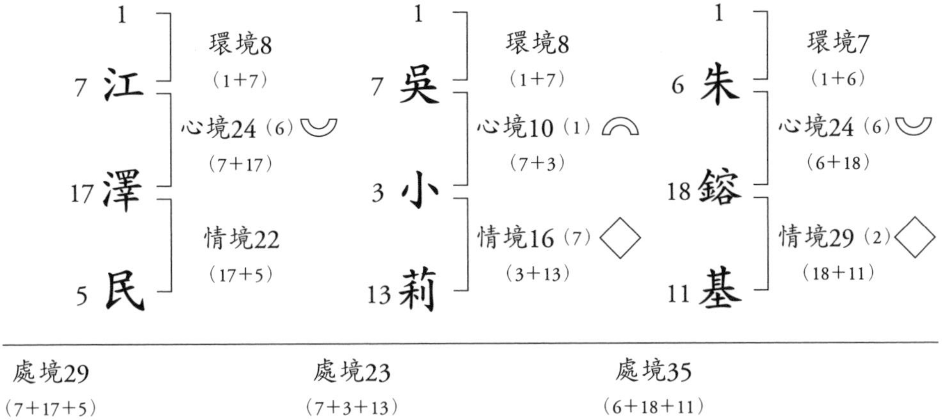

磁場解說與互動

⌒◡：表示吳的心境合數1，分別與心境合數爲6的江及朱形成1、6相合於北方的心境天合。心境天合之內涵爲先天契合的「心意相通」；北方則代表權力與名聲。

◇◇：表示朱的情境合數2相合於吳的情境合數7，形成2、7相合於南方的情境天合，其內涵爲「情意相通」；南方則代表亮麗與知名度。

天合者爲天作之合，爲先天契合，由於吳的突出表現吸引了與自己有天合磁場的朱、江兩人，他們無疑大大地提升了吳小莉的名聲與知名度。

富貴要人幫、貴人在前方

一般來說，在兩岸三地，像吳小莉一樣既努力且又有能力、才華又出眾的主持人實在多如過江之鯽，不勝枚舉，但爲何只有她得此殊榮、名滿神州呢！無疑三個關鍵貴人的造就：

1. 甘國亮的賞識拔擢，提供了讓吳小莉得以發揮長才的舞台。而究其原因，貴人磁場的天合與地合促成了伯樂遇見了千里馬。

2. 朱鎔基與江澤民扮演了「心境天合」及「情境天合」貴人的角色，提供了強大的名人效應（ Celebrity effect）將吳小莉推向高峰。

3. 天合與地合的貴人磁場都必須要啓動；天合之啓動靠 「吸引」，如孔雀開屏般地吸引與你有天合磁場者的目光；地合的啓動則靠「磨合」，相處後的契合才能將地合發揮最大化，吳小莉無疑都做到了。

4. 成功不二法門：努力靠自己，成功則需靠貴人！

第 5 章

有配有合，能量之最

「配」者，地支的「酉」加之天干的「己」稱之；

「合」者，「人口一致」，齊心向前爲之。

「配合」在在説明了天時、地利、人和的重要性。

天合＋地合＋人配

本章所介紹的「配、合」，依磁場能量強度分，天合＋地合＋人配，三位一體，此種能量最強，如下圖。

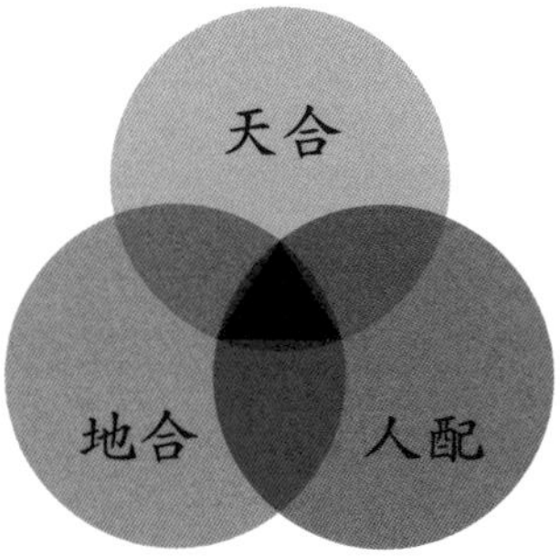

▲為三者重疊之處

構成要件如下：

1. **三境（心境、情境、處境）中具備了天合、地合與人配（龍鳳配）。**
2. **環心合不參與地合之匹配，僅具加乘作用。**
3. **第七章所述的「實境配」與「潛境配」屬人配。**

案例1 姬光奪權，伍員復仇

伍子胥，名員，字子胥，春秋末期楚國人。闔閭，姬姓，名光，原稱公子光，春秋時吳國第二十四任君主。

根據《史記・伍子胥列傳》的記載，楚平王的兒子太子建有兩個老師，伍奢（伍子胥之父）擔任太傅，另外一位費無忌擔任少傅。楚平王聽從費無忌的建議，強奪自己兒子——太子建——未過門的媳婦。

費無忌害怕他日太子建繼任楚國國君之後的報復行動，故經常向楚平王進讒言；楚平王亦因霸占其子的未婚新娘而心虛。太子建得知此事後生怕被父親謀害，故而潛逃至宋國，因此擔任太子建太傅的伍奢也因而受到牽連。

楚平王初以伍奢爲人質，要脅伍子胥和伍尚兩兄弟進京面聖， 伍子胥深知，楚平王以父爲名召見他們兄弟二人，只是個藉口，目的是斬草除根。兄弟兩人研商後伍尚前往覆命，留下來與父親同難，伍子胥則單獨逃亡進行復仇大計。

歷經重重的困難與險境，伍子胥最終投奔到吳國並遊說吳王僚出兵伐楚，吳王僚聽公子光分析，此僅爲伍子胥之私仇，對吳國並無好處，故不再議伐楚之事。

當伍子胥得知公子光預謀刺殺吳王僚篡奪王位時，認爲機不可失，便將專諸推薦給公子光，在縝密的計畫下，由專諸刺殺吳王僚，輔佐公子光取得吳國國君之位（稱吳王闔廬）。至此，伍子胥想要爲父報仇的心願已不再是夢想。當伍子胥率吳兵攻入楚國國都郢城時，由於找不到現任的國君楚昭王，而仇人楚平王又早已去世，伍子胥便掘其墓，鞭屍三百下，以洩心頭之恨。

篡奪王位爲誅滅宗族的重罪，爲何姬光敢如此信任伍子胥；又於事成之後如此倚重伍子胥呢?!

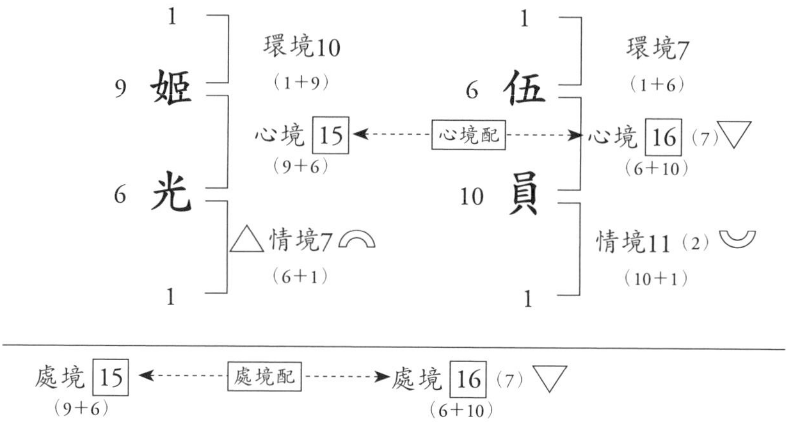

磁場解說與互動

◡◠：表示姬光的情境數7，相合於伍員的情境合數2，是爲「情境天合」。

▽△：表示姬光的情境合數7，分別相同於伍員的心境合數7及處境合數7，是爲心情、情處合一，屬地合。

□□：表示姬光心境與處境數均爲15，相配於伍員的心境數與處境數均爲16，形成心境配與處境配，屬人配。天合（情境天合）、地合（心情、情處合一）、人配（心境配與處境配）稱三位一體。

姬光與伍子胥具有三位一體的貴人磁場，其能量是何其大而有力，只要是姬光的心願，伍子胥一定盡其所能的達成，反之亦然，這是一種有付出定有回報的磁場。

鑑往知來修心性

仇恨：如水如火，載舟燎原

在自然界，最重要的五個基本元素（金、水、木、火、土）中，最能代表速度者當首推水與火；這也是中國後天八卦中，水代表北方，火代表南方的重要概念。水能載舟亦能覆舟，星星之火可以燎原。水有溫柔的一面，如同母親對兒女們無怨無悔、犧牲奉獻地付出，當發覺自己的兒女即將面臨危難，為保護其免於被傷害時之勇猛反擊，其威力如覆舟般的強大，遠遠超乎想像；火亦同，溫順時可熟食取暖，凶猛時可燎原。

仇恨如水火，化悲憤為力量是一種本能，但運用時必須將此股力量導入正向思維，切不可將其轉為負面或極端的報復手段；因為它可助你功成名就，亦可讓你身敗名裂。

「恨」字是由「心」與「艮」的組合，而「艮」字是「良」字缺了一個點，它隱喻「良心缺了頭」，也就是沒有把良知、良心拿出來，設身處地的思考問題。另一種的隱喻是「艮」在易經八卦中為「山」，為止也。止為停止，「恨」字亦可解釋為將「心」的正常運動停止在產生「恨」的事件上。你無法用「恨」去傷人；因為它傷人於零，但自傷一百，被恨的人毫無痛癢，自己卻自殘地遍體鱗傷，慘不忍睹而不自知。

仇恨的正向思維就是換個角度思考，假如沒有他們的存在，你的人生就缺乏奮鬥目標和競爭對手。有了他們的刺激、鞭策，就應該活出自己；不但要讓自己活得精采，更要活得亮麗給你的仇人看。所以仇恨無疑是一個最佳的向上進取的原動力。

案例2 漢初三傑，命不相同

高祖曰：夫運籌帷幄之中，決勝千里之外，吾不如子房；
鎮國撫民，給餉饋，不絕糧道，吾不如蕭何；
連百萬之眾，戰必勝，攻必取，吾不如韓信。
三者皆傑，吾能用之，此吾所以取天下者也。

——《史記・高祖本紀》司馬遷

上文中無疑說明了張良的謀、蕭何的智以及韓信的勇，史稱漢初三傑。此三人無疑都是劉邦的大貴人，缺一不可，在漢室江山建立的過程中，立下了無可比擬的蓋世功勳。

但令人感慨不已的是，三人命運大不同，韓信被殺，張良退隱山林，只有蕭何做了劉邦的副手，與劉邦和平共處幾十年，雖然其間也有一些波折，但總算有始有終，安享天年。這在中國封建社會的官場上極爲少見。

翻遍中國二十五史，一同打江山的副手大多是與人做嫁衣，白忙一場，好者，全身而退；壞者，性命身家不保，比比皆是。

蕭何能夠有始有終地當劉邦的副手，共享榮華富貴且安然無恙，壽終正寢，除了深曉官場文化與生存之道外，也是他與劉邦彼此具有三位一體的貴人磁場所釋放的正能量所致。

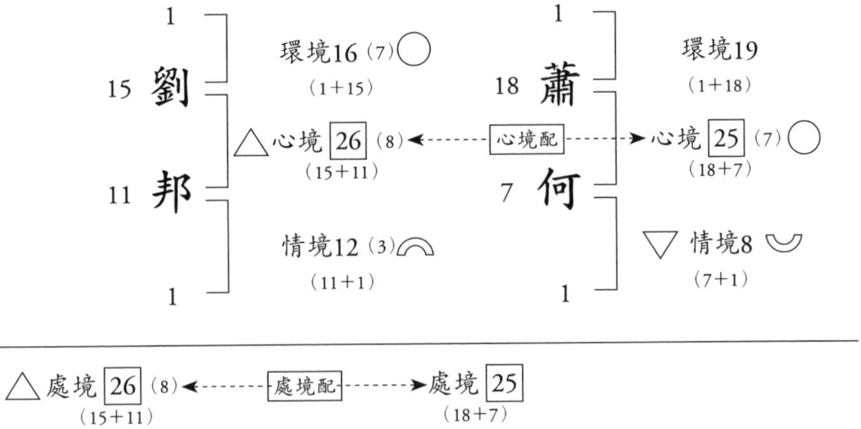

磁場解說與互動

◡◠：表示劉邦的情境合數3與蕭何的情境合數8，形成情境天合，屬天合。

▽△：表示蕭何的情境合數8，同時相同於劉邦的心境合數8與處境合數8，稱「心情、情處合一」，屬地合。

○○：表示劉邦的環境合數7與蕭何的心境合數7相同，稱「環心合」，亦屬地合。

□□：表示蕭何的心境數與處境數均爲25，相配於劉邦的心境數與處境數均爲26，形成「心境配」與「處境配」，屬人配。

鑑往知來修心性

進退：以退為進、老二哲學

手持青秧插滿田，低頭便見水中天，

身心清靜方爲道，後退原來是向前。

——布袋和尚

前進後退雖然方向相反，有時進，實則是退，退實則是進，進退的互補作用與運用，在做人處事之間蘊含著至深的哲理。

人生不可能一路平順，在前進時遇到難以化解的問題，退一步思考，讓一步供人先行，心裡就會有一份海闊天空的迴旋空間，開啓了另一種進退方式。

插秧的動作是後退，但實際是前進，這種以退為進的思維模式，進可攻、退可守，十分符合孔子所說的「君子不立於危牆之下」的老二哲學。

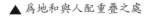

人配＋天合或地合

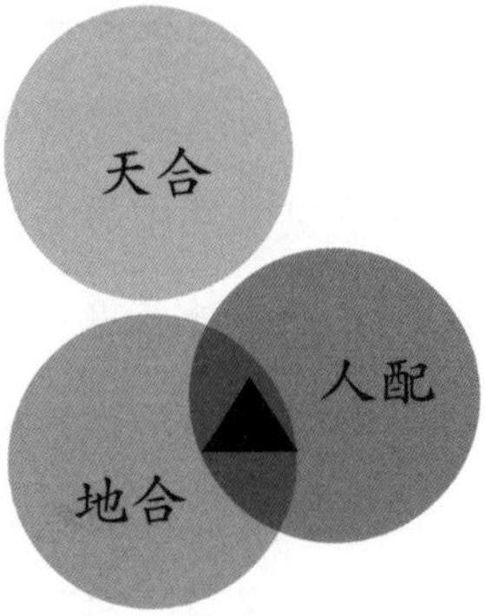

▲爲地和與人配重疊之處

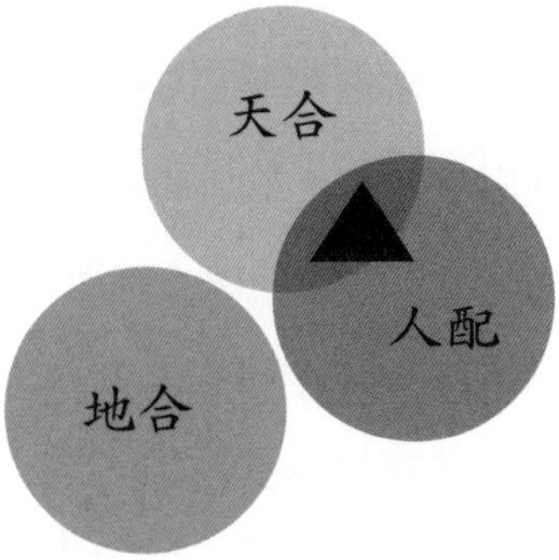

▲爲天合與人配重疊之處

此種磁場能量的強度僅次於天合、地合、人配的三位一體。

構成要件如下：

1. 三境（心境、情境、處境）中必須具備人配（龍鳳配），天合或地合任擇一者。
2. 「環心合」不參與地合之匹配，僅具加乘作用。
3. 「實境配」與「潛境配」亦屬人配之一。

案例 玄奘取經、義結金蘭

玄奘，俗姓陳，名禕，唐朝著名的三藏法師，俗稱唐三藏，漢傳佛教史上最偉大的譯經師之一，中國佛教法相唯識宗創始人。

玄奘深覺當時流行的攝論宗、地論宗兩家有關法相之說多有乖違，因此決心前往印度求取總賅三乘學說的《瑜伽師地論》，以求融會貫通。因始終無法得到出境許可，故於唐貞觀三年（629年），玄奘毅然由長安私發偷渡出關，進入八百里的大沙漠，荒無人煙，途中有四天五夜滴水未進，身陷絕境。

一息尚存之餘，向蒼天乞求：「玄奘此行不求財、利、名，僅一心追求佛法，篤信菩薩是普度眾生，以救苦救難爲己任，如今我身陷絕境，這就是苦啊！菩薩您不知道嗎！」*說畢旋即昏睡，夢中，玄奘見一怒目金剛斥喝：「爲何不前行」，玄奘驚醒後行數里即發現綠洲。

玄奘經過九死一生，終於走出八百里大沙漠來到了高昌國，該國國王麴文泰虔誠向佛，用盡心思、威脅利誘要將唐朝高僧玄奘留下，做爲該國之精神導師。

玄奘以絕食相逼，致使麴文泰放棄此一念頭，遂與玄奘義結金蘭結爲異姓兄弟，相約玄奘自天竺返國時須停留高昌國三載受其供養，講經說法。

玄奘臨行時，麴文泰備妥了玄奘西行二十年所需之物資，並剃度了四個沙彌隨行照顧玄奘，供其差遣。除書寫二十四封信給往西諸國，協助西行外，並另備一封給當時西域最強之國突厥葉護可汗。信中極爲謙卑，護弟之情由此

---

* 《大慈恩寺三藏法師傳》：「玄奘此行不求財利，無冀名譽，但為無上正法來耳，仰惟菩薩茲念群生，以救苦為務此為苦矣，寧不知耶！」

可鑑。

法師者是奴弟，欲求法於婆羅門國，

願可汗憐師如憐奴，仍請敕以西諸國，給鄔落馬遞送出境。

——《大慈恩寺三藏法師傳》

麴文泰無疑是玄奘西行最大的貴人，若無麴文泰，玄奘能否完成西行乃未定之天。

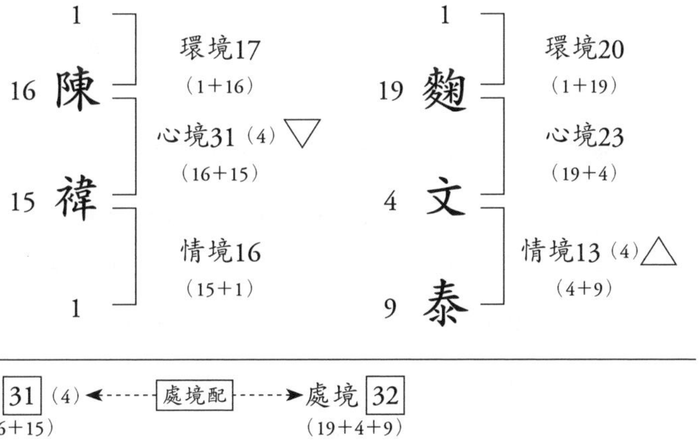

磁場解說與互動

▽△：表示麴文泰的情境合數4分別與陳禕的心境合數4及處境合數4相同稱「心情、情處合一」，屬地合。

□□：表示陳禕的處境數31，相配於麴文泰的處境數32，形成「處境配」，屬人配。

鑑往知來修心性

夢想：有夢最美，希望相隨

現實是此岸，理想是彼岸，

中間隔著湍急的河流，行動則是架在河上的橋樑。

——克雷洛夫

玄奘因為一個夢想，經過九死一生，渡過千山萬水、重重險阻最終美夢成真。夢想在於實現，理想在於實踐，夢想需要無悔的付出、堅持與努力！夢想在你一路走來的過程中其實已經實現了，只要你始終如一，堅持到底。

實現夢想先不要問會得到什麼，而是在於你做了什麼！夢想之所以要求實現，是因為夢想需要行動，要活在現實，而不僅是一種意識。唯有在現實土壤裡孕育出的「夢想」花朵，才會結出「理想」的果實，沒有現實養分的夢想都只是個「夢」和「想」。

人之所以會往高處爬，因為有夢想與理想相伴，它無疑是成功的一股原動力。人一旦沒有了夢想與理想，就會變得心胸狹隘，譏諷與嫉妒那些整天將理想與抱負掛在嘴邊的人，自己也將在不知不覺中變得俗不可耐，而終將斷絕所有貴人到來之路。

天合＋地合

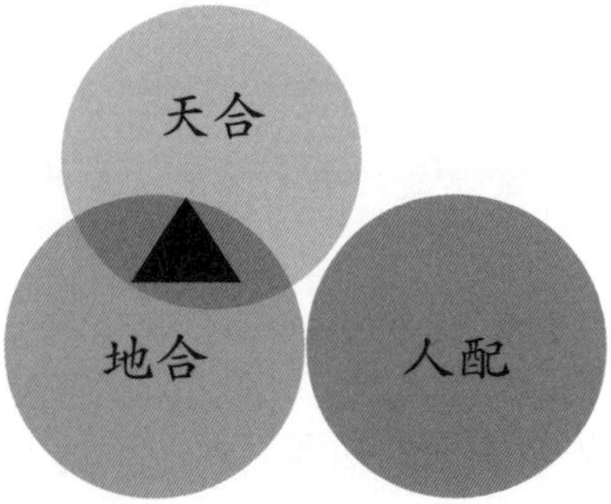

▲為天合與地合重疊之處

此種磁場能量的強度排序爲三，構成要件如下：

1. 三境（心境、情境、處境）中無人配（龍鳳配），僅天合與地合交集。
2. 「環心合」不參與地合之匹配，僅具加乘作用。
3. 「實境配」與「潛境配」屬人配之一。

案例1 鞠躬盡瘁、死而後已

在中國歷史裡，諸葛亮的傳奇一生幾乎無人不知、無人不曉，留下許多機智又充滿忠義膾炙人口的故事。

> 臣本布衣，躬耕於南陽，苟全性命於亂世，不求聞達於諸侯。先帝不以臣卑鄙，猥自枉屈，三顧臣於草廬之中，諮臣以當世之事，由是感激……。
>
> ——〈前出師表〉諸葛亮

上文中充滿了感懷先帝劉備的知遇之恩，不論平時或戰時率軍打仗，無不以報恩爲上，其獨撐危局，輔佐幼主的苦心，眞乃是日月可表，蒼天可鑑。

杜甫曾以《蜀相》作詩悼念諸葛亮：「……三顧頻煩天下計，兩朝開濟老臣心。出師未捷身先死，長使英雄淚滿襟。」成爲日後描述諸葛亮一生的經典名句。

劉備和諸葛亮間的關係，自古被視爲君臣的楷模與典範，劉備移尊就教的「三顧茅廬」、諸葛孔明隆中對策縱談天下，到最後的「鞠躬盡瘁，死而後已」，眞乃是「兩表酬三顧，一對足千秋」*，能夠達到這種魚水境界的君臣，前無古人，後無來者，只此二人也。

---

*成都武侯祠的一副對聯，兩表為前後出師表；三顧為三顧茅廬；一對為隆中對。

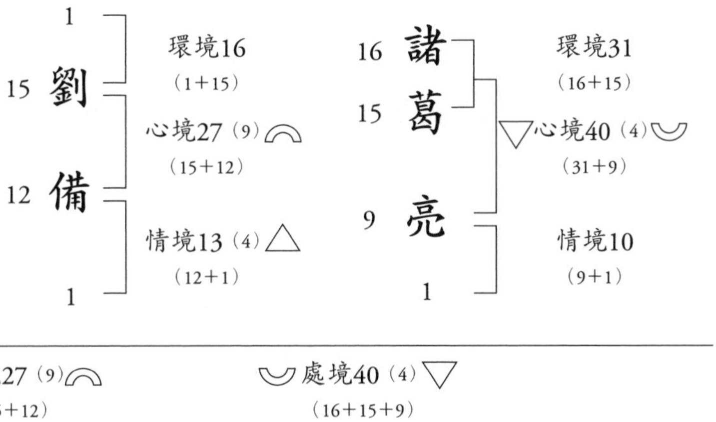

磁場解說與互動

◡◠：表示諸葛亮的心境合數4、處境合數4，與劉備的心境合數9、處境合數9，相合於天合之西方秋收位，形成了「心境天合」與「處境天合」。

△▽：表示劉備的情境合數4，分別相同於諸葛亮的心境合數4與處境合數4，形成「心情、情處合一」；有天合與地合，其能量排序第三。

劉備屈尊三顧尋訪臥龍，孔明隆中對策，三分天下。兩人互為彼此的貴人，具有「心情、情處合一」、心境天合與處境天合等的能量。

此後，諸葛亮助劉備從亡命將軍變為一方霸主，劉備也提供了一個讓諸葛亮一展長才的舞台，開始了他叱吒風雲的政治生涯，也留下了名垂千古的事蹟。

鑑往知來修心性

追隨：做對事贏一次，跟對人贏一生

諸葛亮的一生可謂光彩奪目、充滿傳奇，從一介平民躍身成為劉備的股肱之臣、蜀國的丞相，其華麗轉身的背後，雖與其擁有才華洋溢的軍事才能、高度的政治智慧以及洞悉力有著莫大關係，但最重要的還是選對平台與跟對了人。今就以此兩項為探討之方向，依當時諸葛亮的才華可以有三個選擇：

1. 投靠曹操，在挾天子以令諸侯下，實力最強，其身邊不乏奇人異士、足智多謀之士，人才濟濟，但也容易形成人才「擠擠」。

2. 孫權，盤踞江東，口碑尚佳，但胸無大志，況且周瑜、魯肅、張昭等人已追隨左右，要想脫穎而出，難度極大。

3. 劉備，落魄江湖人但血統純正，乃中山靖王之後，漢室皇叔，名正言順。其次，劉備心懷感恩，重情重義，禮賢下士，伴君如此，夜可安枕。其三，身邊只有驍勇善戰的關羽、張飛、趙雲等虎將，卻無一個能運籌帷幄決勝於千里之外的謀臣策士，發展空間極大。

接下來，跟對主子，選對老闆最重要，主子能否充分授權且用人不疑，主子是否與自己有「貴人磁場」，雖不奢求榮華富貴一生，但至少能一展長才，盡情發揮。

案例2 伉儷情深，生死與共

鳳飛飛本名林秋鸞，台灣歌后，在華人世界享有極高知名度及舉足輕重的地位與鄧麗君齊名；喜收藏各式各樣的帽子，又有「帽子歌后」之稱。傳唱過千百餘首膾炙人口的歌曲，其中以〈掌聲響起〉、〈祝你幸福〉、〈愛的禮物〉、〈我是一片雲〉、〈月朦朧鳥朦朧〉等爲其經典代表。

鳳飛飛在27歲經由友人介紹遇到了眞命天子趙宏琦，只因一句話「他不要求我煮飯、做家務，只希望回家能看到我」，而毅然決然地放棄當紅的演藝事業，選擇婚姻，洗盡鉛華爲愛作羹湯。

結婚後不久就退出歌壇相夫教子，隱居幕後長達20多年，因熱愛舞台始終無法忘情歌唱，在先生和兒子的支持鼓勵下，於2003年再次重回歌壇。

由原先的「夫唱婦隨」改爲「婦唱夫隨」，濃情蜜意的畫面不知羨煞多少人。鶼鰈情深，執子之手29年，於2009年趙宏琦病逝，鳳飛飛以〈想要跟你飛〉表達無盡的思夫之情，也成了她生平最後作品，於2012年病逝於香港。

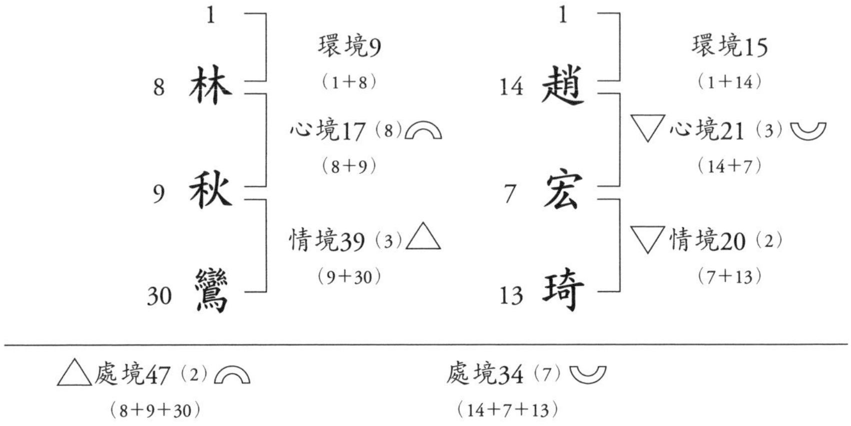

磁場解說與互動

◡◠：表示鳳飛飛的心境合數8與趙宏琦的心境合數3，相合於天合之東方春耕位，是夫唱婦隨、婦唱夫隨之意。

此外，鳳飛飛的處境合數2與趙宏琦的處境合數7，相合於天合之南方夏耕位，銀色夫妻本就具知名與亮麗的炫耀面，雙方以彼此爲貴。

△▽：表示鳳飛飛的情境合數3相同於趙的心境合數3，此爲地合中的「心情合」；鳳之處境合數2相同於趙的情境合數2，此爲「情處合」。

彼此雙方同時擁有心情合與情處合者，其意涵等同於「心情、情處合一」。有此天地之合，無怪乎心甘情願爲愛洗盡鉛華作羹湯，從絢爛歸於平淡需要智慧與勇氣，安於平淡則需要大智慧與力量的支持。

鑑往知來修心性

情天：大愛境界，藍天白雲

十年修得同船渡，百年修得共枕眠，多麼不易的修得，一生中同榻共眠，長相廝守，是宿緣也是前世所修的善緣。

佛家說「欲知前世因，今生受者是」，因為兩個不同背景，生長環境迥異，而能執子之手，與子偕老，實屬難得。

其間還牽扯到兩個家族的背景、文化等之差異，以及在婚姻中無可避免的婆媳問題等。所以在情愛中，愛人與被愛都不是簡單的問題，但若以無私的愛為出發點，將會帶動一片陽光燦爛；陰霾、黯然都會像浮雲般飄過，雲淡風輕後依然是晴空萬里的藍天。

第 6 章

沖和與沖散

萬物負陰而抱陽，沖氣以爲和

萬物都是正面爲陽，反面爲陰，

當陰陽兩氣相互衝撞、激盪、交融而形成均勻和諧狀態時，

一個新的統一體隨即產生。

——《道德經》第四十二章

何謂「沖」？

「沖」字爲「水」＋「中」，其意涵爲水沖擊力最強的部位是在中間，也說明了正面衝突的危險性，在貴人磁場學中，有「合」就一定有「沖」。

生、剋、沖、合爲自然界循環所不可或缺的要素。生剋沖合本身沒有吉凶，它是吉抑或是凶，由雙方的態度及行爲模式決定，因爲萬物都有正、反兩面的效應。

沖者，它正面的效果就是沖擊、衝撞也，因衝撞而磨合，進而達到和諧、相知、相惜的地步，此種情形稱之「沖和」；相反地，其負面效果則稱「沖散」，雙方在衝撞過程中各執己見，互不相讓，最終走向兩散的局面，輕者，行同陌路，老死不相往來；重者，如鯁在喉，芒刺在背，必欲除之而後快。

沖者，其構成要件如下：

- **雙方的三境（心境對心境、情境對情境、處境對處境）中，任有兩境的數字相同或合數相同者稱之「沖」，如右圖。**
- **環境對環境數字或合數相同者，不參與「沖」的匹配，僅具加成效果，正面則愈加正面，負面則愈加負面，其功能同於「環心合」。**
- **沖者，最強者為數字相同者，合數次之。**

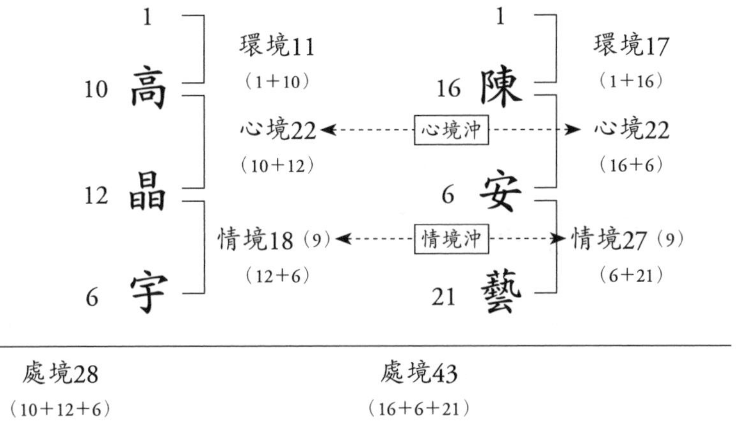

磁場解說與互動

圖中高的心境數22，陳的心境數22，兩數字相同爲一沖；高的情境合數爲9，陳的情境合數爲9，兩合數又相同，爲二沖。三境（心境、情境、處境）中有兩沖者，「沖」即成立。

凡沖者，其解決的方法為：

執君臣之禮、尊父子之親、守職場之規、講朋友之信、悌兄弟之情、曉夫妻之別，各司其職不踰矩，如此必定逢凶化吉。

「沖散」

案例1 功高震主，其危自來

韓信是西漢開國第一功臣，爲一軍事奇才，運用置之死地而後生的背水一戰策略，以寡敵眾，以數千兵力擊敗二十萬趙軍；以四面楚歌、十面埋伏將項羽困於垓下，而自刎於烏江邊。韓信爲劉邦奪取天下立下了無可比擬的功勞，彪炳史冊。但在功成名就後卻無法壽終正寢，其原因爲何？

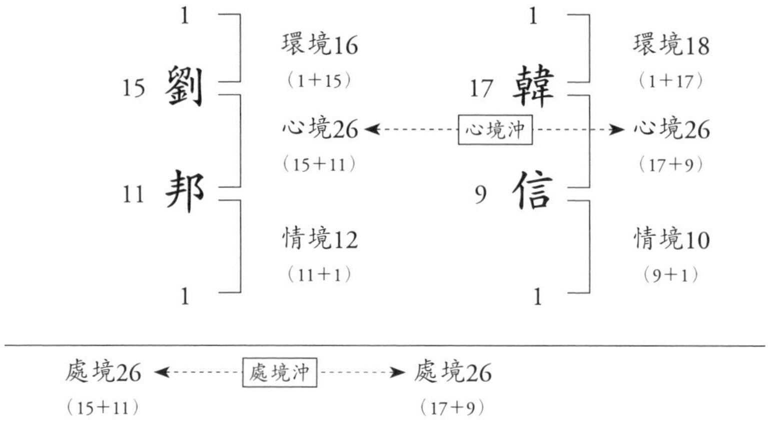

磁場解說與互動

劉邦的心境數26相同於韓信的心境數26，爲「心境沖」；同理劉、韓兩人的處境數均爲26爲「處境沖」。三境（心境、情境、處境）中任有兩境沖則「沖」即成立。「沖」分「沖散」與「沖和」，劉邦由最初的齋戒沐浴、設壇、拜韓信爲大將到韓信助劉邦奪取江山的「沖和」，演變到最後的功高震主及密謀造反的「沖散」，韓信顯然未遵行「沖」的化解之法：「執君臣之禮」，故導致無法善終，並其三族具滅，實不甚唏噓。

鑑往知來修心性

震主：臥榻之側，豈容他人酣睡

震主都來自於功高，功高最容易得意忘形。人在得意時，往往會有一種自我膨脹、飄飄然的感覺，忘了身處何處，忘了我是誰，只覺得自己巍巍乎似山巔，浩浩乎與天地俱，驕傲自大、信口開河、輕言易諾或出爾反爾，犯下了失言失態的差錯及無法挽回和補救的失誤。因為妄自尊大，自鳴得意正是受人奚落的短處。

當春風得意時，築夢踏實，識時、識務、識自己，應虛懷若谷；當失意時，沉潛反省，不垂頭喪氣，不失重振雄風之志，方為良策。

司馬遷針對韓信曾做出以下的評價：「假令韓信學道謙讓，不伐己功，不矜其能，則庶幾哉，於漢家勳可以比周、召、太公之徒，後世血食矣。不務出此，而天下已集，乃謀畔逆。夷滅宗族，不亦宜乎！」此番言論道出了功高震主、得意忘形之禍。

語意為，「假使韓信能學習謙讓之道，不誇耀自己的豐功偉績，不對自己的才能感到無比驕傲，那麼他在漢朝的功勞可以比擬周公、召公、太公等人，他的後代子孫也能承襲其榮耀而衣食無缺。當時天下已平定，還想起兵叛亂，殺了他的宗族，不也是應該的嗎！」

但它亦隱喻了劉邦的無義及權力政治的無情，在狡兔死，走狗烹，國已定，弒功臣的歷史洪流中，這似乎也是無法更改的事實。

案例2 肝膽相照 vs. 肝膽俱裂*

宋楚瑜，台灣親民黨主席，曾任蔣經國的英文翻譯、秘書、新聞局長、文工會主任、國民黨副秘書長、台灣省長等。

在蔣經國去世後，副總統李登輝羽翼未豐，在出任國民黨主席和總統候選人方面險些出局。當時國民黨內部黨、政、軍不同派系的人馬曾制定了兩套作戰方案抵制李登輝入閣：一是推出當時任行政院長的俞國華爲國民黨主席；二是請出宋美齡擔任黨主席。李登輝急得不知所措，於是想到了經國先生的愛將宋楚瑜的協助，果於關鍵時刻宋楚瑜慷慨激昂的發言與力挺，才使李登輝有驚無險地相繼當上了代理黨主席和總統。

李登輝大位底定後，以回報之心對宋楚瑜厚愛有加，先是讓宋當上國民黨秘書長，後又讓他出任台灣省主席。宋楚瑜的確風光了一陣子，幾乎成爲權傾一時，不可一世的人物。1996年，在李登輝謀求總統連任的過程中，宋不惜打擊非主流派，巡迴全島爲「李連配」不遺餘力地輔選搖旗吶喊。

「絕對的權力，絕對的獨裁」，登上權力巔峰的李登輝，眼睛內絕對容不下一粒沙子，看到宋楚瑜日漸坐大，認爲此人變數太大，難以應付，恐會重蹈「葉爾欽效應」的覆轍，那就爲時已晚了。於是李趁宋的省長任期尚未期滿之際，就來一個「凍省」的決定，以釜底抽薪的辦法把宋拉下馬。宋楚瑜見李登輝不仁，他也來一個不義，索性與李背水一戰。

一心想作「太上皇」的李登輝，豈能容忍宋拆他的台？於是先將這位昔

---

* 參考資料：趙賢明著，《驚爆13年》；聯合報〈李宋情仇20年 恩怨說不清〉2011.7.19；宋楚瑜、李登輝——維基百科。

日爲他賣命的盟友掃地出門，再以刀刀見血凌遲的方式出手。李的第一刀是開除宋的國民黨籍，見未奏效，又出第二刀「興票案」，見仍然未置宋于死地，又來第三刀說宋的兒子在美國的房產有問題。

宋楚瑜也迅速反擊，說連戰的子女在外有上百億的資產，還拋出相關資料說連戰的女兒連惠心在美國紐約也有豪宅，加起來的價錢比宋楚瑜的兒子五個房產還要多。

同時，還揭露了李登輝的寵臣蘇志誠在台北也買了一座又一座豪宅，國民黨高層在軍購法國拉法葉艦時拿回扣等內幕。經此一連串事件後，宋就此生與總統之位擦肩而過，使台灣失去一位眞正有能力帶領台灣走出困境的領導人物，時也、運也、命也。

宋楚瑜的政治生涯可謂頗具戲劇性。蔣經國在世時，曾與其情同父子，經國先生去世後，宋又將賭注押在李登輝身上，從最初的「肝膽相照」到最終的「肝膽俱裂」，頗俱諷刺的意味。

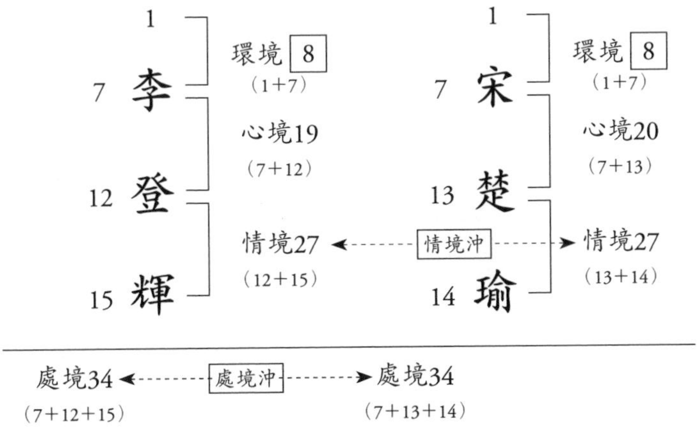

李與宋的情境、處境相沖，雙方先禮後兵，在最初的君臣相挺，「你泥中有我，我泥中有你」的肝膽相照下，演變成最終的「兵戎相見」，流水無情，利之所趨、刀刀見骨的肝膽俱裂。加之雙方環境數相同，其意涵具有「好時愈好，如水漲船高；壞時更壞，追殺到底」的加乘作用。由「沖起」到「沖散」實讓人感嘆權力政治的無情，往往都在成就「小我」中，卻犧牲了「大我」的利益。

案例3 既生瑜，何生亮

三國時代的周瑜與諸葛亮均爲一時之選，在各爲其主下，加之瑜與亮的心境沖與處境沖的情況下，展開了膾炙人口的瑜亮之爭。

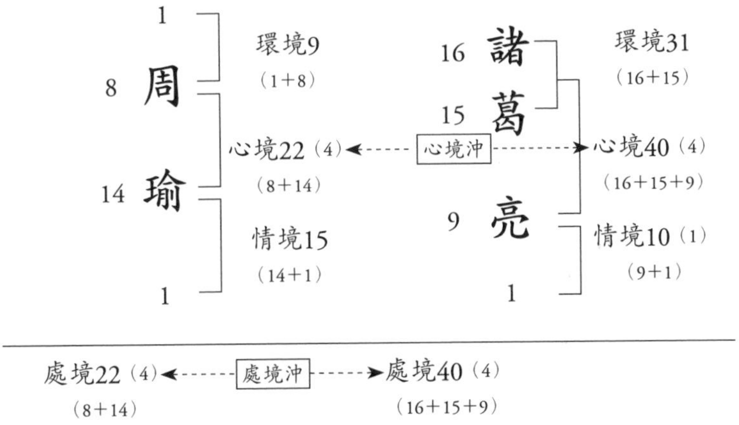

磁場解說與互動

瑜的心境合數4相同於亮的心境合數4，稱「心境沖」；瑜與亮之處境亦同稱「處境沖」，三境中已有兩境沖，則「沖」成立。

諸葛亮與周瑜因各事其主，有不得不爲之角力對抗，加之雙方的心境沖與處境沖形成了非「沖和」即「沖散」的局面，而在蜀吳間之合是利益爲導向，合則兩利，先爲「沖和」，當利之不存時，「沖散」則是必然的。

倘若瑜、亮共事一主，應較無「沖散」之說，觀其彼此的情境爲天合（1、6合於北方），代表先天友情的契合，有如魚水之合般的惺惺相惜，亦會有互助、互補的思維，互爲對方搭橋鋪路。

鑑往知來修心性

接受：是非成敗，過往雲煙

生命中有門必修的課程叫做「接受」。諸如摯愛的生離死別、命由天定的無奈、緣起緣滅的遺憾、時不我與的感嘆、機會流失的鬱卒、早知如此何必當初的悔恨等。

無論你是權傾一時的達官貴人也罷，或販夫走卒也好，每當在「接受」面前，都會如純真般的孩子一樣嚎啕大哭。而不同的是，成熟者會在最短時間內調適並告訴自己，「接受是另一次蛻變的開始」。

「是非成敗轉頭空，青山依舊在，幾度夕陽紅」，人生短暫，轉眼成空，一切邂逅、悲歡離合皆由心定。

接受已發生的事實，讓離開的離開，繼續的繼續；改變可以改變的，接受無法改變的，人的快樂與否與接受的早晚成正比。

「沖和」

案例1 渭水垂釣，願者上鉤

周文王姓姬名昌，商紂時被封爲西伯，即西部諸侯之長。姬昌大力倡行仁政、敬老愛幼、禮賢下士，各部落的人才以及從商紂王朝來投奔的賢士，他都以禮相待，予以任用。西岐在他的治理下，國力日漸強大，於是引起商王朝的不安。

在親信崇侯虎的讒言下，紂王便將姬昌拘於羑里七年。被囚期間，除演繹《周易》外，沒有絲毫對朝廷的不滿，表現恭順，加之其子姬發送大量金銀財寶討好紂王，不久姬昌便被釋放。

姬昌深曉要治理好國家就要任用賢德之人，他思賢若渴，渭水畔巧遇姜太公（姓姜名尚，字子牙），「離水三尺，直鉤釣魚，願者上鉤」的故事流傳至今，令人稱頌不已。文王姬昌在姜子牙的輔佐下，勵精圖治，文王逝世後，又輔佐武王伐紂，一統天下，爲後世開闢了治國興邦之正道。

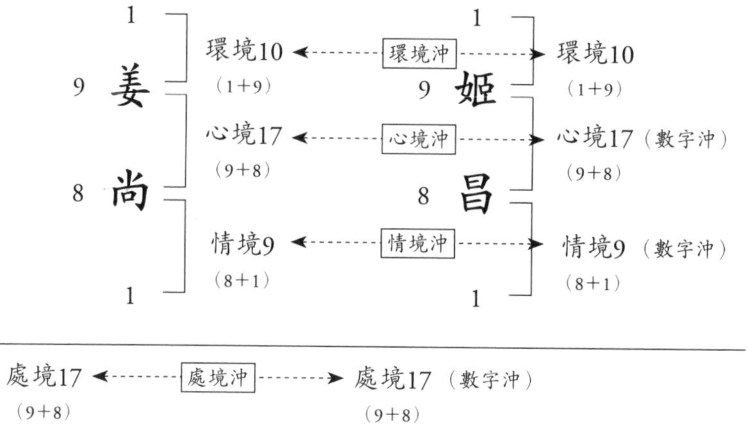

磁場解說與互動

沖者爲雙方在同一「境位」之數字或合數相同者稱「沖」。

姜子牙的心境數17，姬昌的心境數17，形成「心境沖」，以此類推至雙方的情境、處境形成「情境沖」與「處境沖」。「環境沖」不參與「沖」的配對，僅具加乘效果。

周文王與姜太公彼此在環境、心境、情境、處境四境全沖，且爲數字沖，爲「沖」中最強者。沖者分沖和與沖散。沖和又可稱「沖起」，如熟睡之人喚之不醒，最佳之法就是用水沖之即醒，稱之沖起；或塵封已久的磁場、關係，或冥冥之中已有之定數等，均須沖起。

文王與姜子牙溪邊論政後，發覺姜子牙不僅有相國之才，亦有將帥之能，實有相見恨晚之感。不僅想起祖先太公盼望將來會有一賢德之人幫助周國興盛，而姜子牙正是此人，所以又稱他「太公望」，回宮後即拜姜子牙爲師，稱「師尚父」，此爲定數之「沖起」。

鑑往知來修心性

行銷：創意無限、吸引購買

行銷上有兩種力，一種是推力（push）的策略，意即將行銷的商品（人、事、物）主動推至客户面前以增加曝光率、使用率，進而求得滿意最大化。而拉力（pull）的策略，則是透過各種行銷手法，將顧客拉至商品面前。

顯然「姜太公垂釣」就是運用拉力策略，他利用「離水三尺，直鉤垂釣」做為廣告宣傳，並以創造性話題做為推廣，供人茶餘飯後耳語相傳，其目的是向消費者（周文王）展開強大的促銷攻勢，使之產生強烈的興趣和購買欲望（願者上鉤）。姜太公無疑是中國史上第一位行銷大師，當之無愧。

行銷重要但商品的質量更重要，試想如姜子牙被周文王延攬入閣後，發現不是那麼一回事，哪還有千古傳唱的佳話呢？所以一個成功的人士必須具備下列條件：

1. 專業與行銷：除了專業知識外，懂得如何行銷自己同樣的重要。

2. 口才與説理：除了要練就好的口才，更需要會用淺而易懂的故事或例子説明艱難生澀的問題。

3. 創意與見解：除了培養創意外，更需要有獨特的見解與逆向的思維邏輯。

4. 圓融與應變：除了學習處事圓融外，更需要學習危機處理與應變能力。

案例2 台塑傳奇，兄唱弟隨

台塑企業集團創辦人王永慶被譽爲台灣經營之神，其一手打造的「台塑王國」，除了憑藉王永慶獨到的眼光和企業經營理念，成功締造台塑王國的不敗地位外，最令人津津樂道的是，王永慶和弟弟王永在兩兄弟共同攜手打拚事業，一路走來的長期默契和彼此的信賴，成就了台塑神話。

王永慶沉穩內斂，其弟王永在則活潑直爽，兩兄弟個性互補，兄唱弟隨，兩人相互分工，合作無間，王永慶站上一線主導整個企業發展方向，王永在則是身居二線，運行哥哥交付的任務並擔負對外溝通的橋樑。

台塑集團創業50多年來，因爲董事長始終是哥哥，王永在從來沒有當過一天的「董事長」，最高頭銜也只有集團副董事長。任期最久的就是台塑總經理，因此到今天，台塑人還習慣稱王永在「總座」。就連王永慶生前的凱迪拉克骨董座車，車牌是「0001」，王永在的座車則是永遠的「0002」，不敢僭越兄長一步，不難體會出王永慶、王永在兩兄弟至情至深的情誼是打造台塑王國的最強原動力。

王永在自始至終以兄馬首是瞻，謹遵職場之規，悌兄弟之情，不居功、永做綠葉長伴紅花，不僭越其兄王永慶之地位，從許多生活細節上可明顯看出，如與兄同在時，必選擇退後一步；餐廳用膳時，必在門口等候與兄同入等等。

李登輝在其任內力倡戒急用忍，招致王永慶多次公開批評與唱反調而惹惱政府官員，其善後的工作非王永在不可。

「海滄計畫」失敗，王永慶避居美國養身，由其弟善後，並在授意下，將六輕計畫落腳於麥寮，其後相關興建與銀行貸款事宜均由王永在出面負責；老二哲學在王永在身上發揮得淋漓盡致。

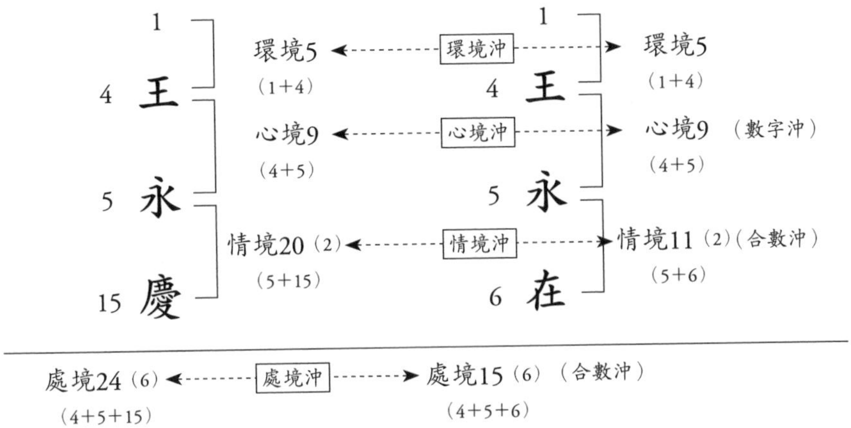

磁場解說與互動

王永慶的心境數9與王永在之心境數9相同爲「心境沖」。數字相同之沖，較合數相同之沖爲強，以此類推到雙方情境與處境均爲合數沖。王氏兄弟四境相沖與周文王、姜子牙相同，爲沖和、沖起。

鑑往知來修心性

合夥：優勢互補，資源共享

司馬遷說：「天下熙熙，皆為利來；天下攘攘，皆為利往。」所以任何事業都是以賺錢為目的。事業的成功起於合夥；事業的失敗也源於合夥，所以在選擇創業夥伴時，一定要慎重考慮下列幾點：

1. 品德至上：品德為最優先考慮因素，缺乏品德之人會是合夥過程中的絆腳石，因為他會在利之所趨下出賣公司。有人曾說：「德才兼備，破格使用；有德無才，培養使用；有才無德，堅決不用」，這是合夥關係之首要。

2. 理念相同：集結志同道合、方向清楚、步伐一致的夥伴一起打拚。

3. 優勢互補：有錢出錢、有才出才、有力出力，以彼之長補此之短，各司其職，合作分工，才能將成功最大化。

4. 溝通無礙：合夥關係重在溝通，有溝淤塞必須確保通暢。溝通不是我說你聽，而是雙向說與聽。有些人在溝通後，發覺通是通了，但那條鴻溝依然存在或愈裂愈大，最終導致拆夥者，也不在少數。所以一旦發現有「溝」的出現時，除了要保持暢通外，更要確保有無龜裂的擴大。

案例3 魂縈心繫，無遠弗屆

2013年是金馬獎第五十年，許多影帝、影后及其他得獎者都應邀出席參與盛會。而張曼玉則爲該屆金馬代言人，她一共拿下5座金馬獎，是女演員得獎紀錄保持者。金馬前夕，張曼玉和關錦鵬導演在大會舉辦的「大師講堂」談電影《阮玲玉》時爆出驚人內幕。

在《阮玲玉》拍戲現場傳出過靈異事件，曾有攝影師親眼目睹阮玲玉的鬼魂站在張曼玉身邊，並時有與張曼玉對話，儘管當年有媒體言之鑿鑿，但畢竟是傳聞，沒想到在「大師講堂」上卻經由張曼玉和關錦鵬的口中，證實確有其事。

由於張曼玉愛美，打死也不肯將眉毛剃成像阮玲玉般超細的眉毛，於是關錦鵬把她關在上海賓館10天，每天在賓館裡設計服裝造型，但怎麼看就是怪怪的，張曼玉依然堅持不改變，直到有一天半夜，張突然有一個衝動，跑到隔壁化妝師房間要求立即剃眉毛，否則怕第二天會反悔。

剃完眉毛後，張曼玉用雙手遮住眉毛，奔到導演的房間，雙手一放，關錦鵬嚇一大跳，但一顆心總算放下來了，因爲張曼玉終於變成阮玲玉啦！

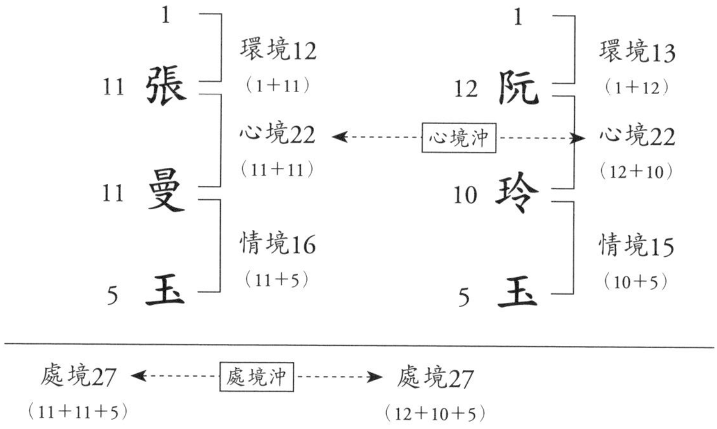

磁場解說與互動

張與阮的心境數均爲22，處境數均爲27，形成了「心境沖」與「處境沖」。

飾演《阮玲玉》最初首選是梅艷芳*，因其婉拒，結果角色才落至張曼玉手裡；張曼玉由最初的抵死不從到最終心甘情願剃除眉毛，這些就是沖起。

張、阮兩人除了「心境沖」與「處境沖」外，尚有一「情境配」，這也是爲何關錦鵬導演回憶時說：「有一位潘姓攝影師，聲稱親眼看到阮玲玉鬼魂站在張曼玉身邊，一直看著張曼玉演出自己的一生，甚至一度感傷落淚，偷偷在張的身邊哭泣。」

《阮玲玉》一片不但讓張曼玉名揚國際，且讓她成爲華人史上首位奪得國際三大影展的女演員。也或許阮玲玉一直在保佑張曼玉吧！因爲至此以後，張曼玉的星運亨通，演藝事業逐步達至巔峰。

＊梅艷芳與阮玲玉無任何的「合」、「配」或「沖」，讀者可自行試算，很顯然，明的是關錦鵬導演在選角色，而暗的卻是阮玲玉所為。

鑑往知來修心性

改變：轉換思維、海闊天空

人生中有時候為了達成目的，必須改變或放棄自己原來的樣子。就如同水一樣，不受形式的拘限，遇方則方、遇圓成圓、遇寒成冰，但無論如何其本質始終不變。

有的時候我們太注重「外相」或太堅持己見，我們會不斷地告訴自己：「以前都是這樣做的啊！為什麼現在不行啦？」

因為今非昔比，現在已不是從前了，為了達成目的，我們必須將過去種種的做法、行為模式拋棄。懂得變通，知曉趨勢，順應潮流，才是贏者之道。

你還是一路走來始終堅持原來的樣子嗎？想要跨越生命中的障礙，突破重大的瓶頸，往理想目標邁進，需要有「捨得」與「放下」的智慧。

「捨得」：捨棄原有的樣子，才有獲得重生的機會，「放下」：放下心中的罣礙，執著與堅持，才有脫胎換骨，否極泰來的契機。

生命的形式絕非一種，當你無法改變環境時，最好的方法就是徹底改變自己，只要本質不變，你仍然是你。

活學活用

跨越時空，磁場依舊

1980年代，筆者有一位摯友從事劇團編導工作，每當小敘時，經常會提及某位演員飾演某個角色就會座無虛席並獲得滿堂彩；而由另一位資歷、知名度都不輸給前者來飾演該角色時，不是意外連連、口碑不佳，就是座席冷清等等。

某次排演《精忠報國》，飾演岳飛一角的演員不是在彩排受傷就是身體不適，於是便詢問筆者，是否他今年流年不順？

筆者請其提供所有可以飾演岳飛一角的演員名單，並以貴人磁場學的方式過濾篩選，得一名黃偉德（如右圖），爲安全起見，筆者再以洛書之飛星法求出該員又有福德保佑，結果彩排過程順利，演出時較預期好出甚多。此後好友以此方式篩選演員，十之八九均能順心如意。

演員與所飾演角色之磁場合

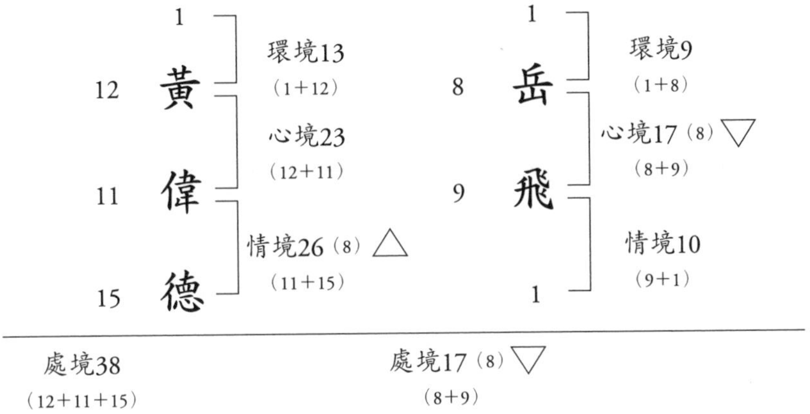

△▽：心情、情處合一

筆者有許多協助朋友篩選演員與角色的案例，但因不具知名度，如以案例寫出，深恐讀者沒有參與感，今以知名演員舉例說明之。

案例1 星海沉浮，葉問指路

甄子丹爲著名的武打演員、武術指導、電影導演與製片，出生於武術世家，自幼隨母習武，喜愛武術的他融合了中國功夫和西洋拳術的精華，爲他扎下良好的武術根基。

受李小龍的影響，甄子丹迷上截拳道的自由搏擊，獨自前往北京接受武術訓練，期間獲跆拳道黑帶六段。1982年贏得美國地區武術比賽冠軍，被美國《功夫精深》列爲最年輕的殿堂級武術家之一，同時亦被評選爲年度最佳武者，使其聲名大噪。

1984年他進入演藝界，演過多部電影，有替身、武行、主角，但多以配角居多，其間並無膾炙人口的代表作，一般人對甄子丹的印象也僅停留在武打明星。

直至2008年擔任電影《葉問》男主角，飾演詠春宗師葉問，使其一舉成名天下知，奠定了影壇的地位，同時也躍升與成龍和李連杰等人並稱華人武打三傑，深受國際重視。

甄子丹星海浮沉二十餘年，武打身形、架式與技術無一不可圈可點，與成龍、李連杰相較，有過之而無不及，但為何遲遲未能成名，直至《葉問》與其拍攝團隊出現為止呢？

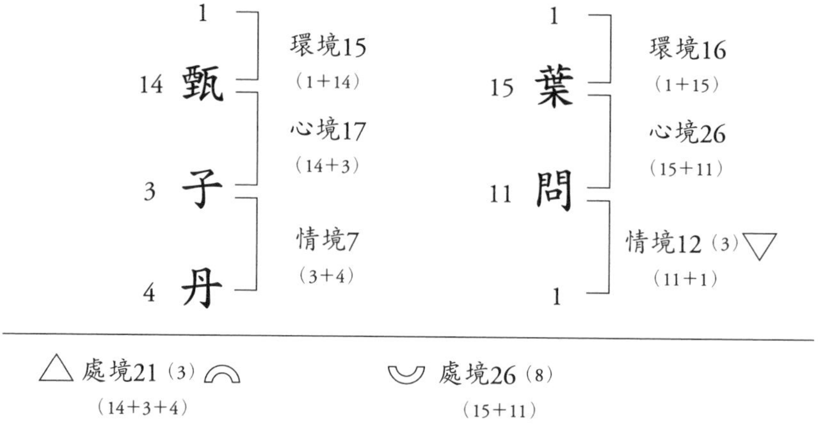

磁場解說與互動

△▽：表示情處合；葉問情境合數3相同於甄子丹處境合數3稱之。

◡◠：表示處境天合；雙方的處境合數3、8合於東方春耕位稱之。

葉問與甄子丹俱有「處境天合」與「情處合」。

天合3、8合於東方春耕位，其正能量的意涵爲共同打拚，開創未來；用在演員與角色的詮釋上，它代表「適人適角」，也就是正確的人演正確的角色；如用在合夥關係，代表彼此有披荊斬棘、胼手胝足之信念；用於夫妻間則表示具有夫唱婦隨或婦唱夫隨之情意等。

「天合」再加之「情處合」（宿緣）的緊密連接，要想詮釋得不好或不賣座都很難。

接下來再看看製片與導演的磁場，電影能否賣座，製片、導演、演員與角色扮演著最重要的因素。

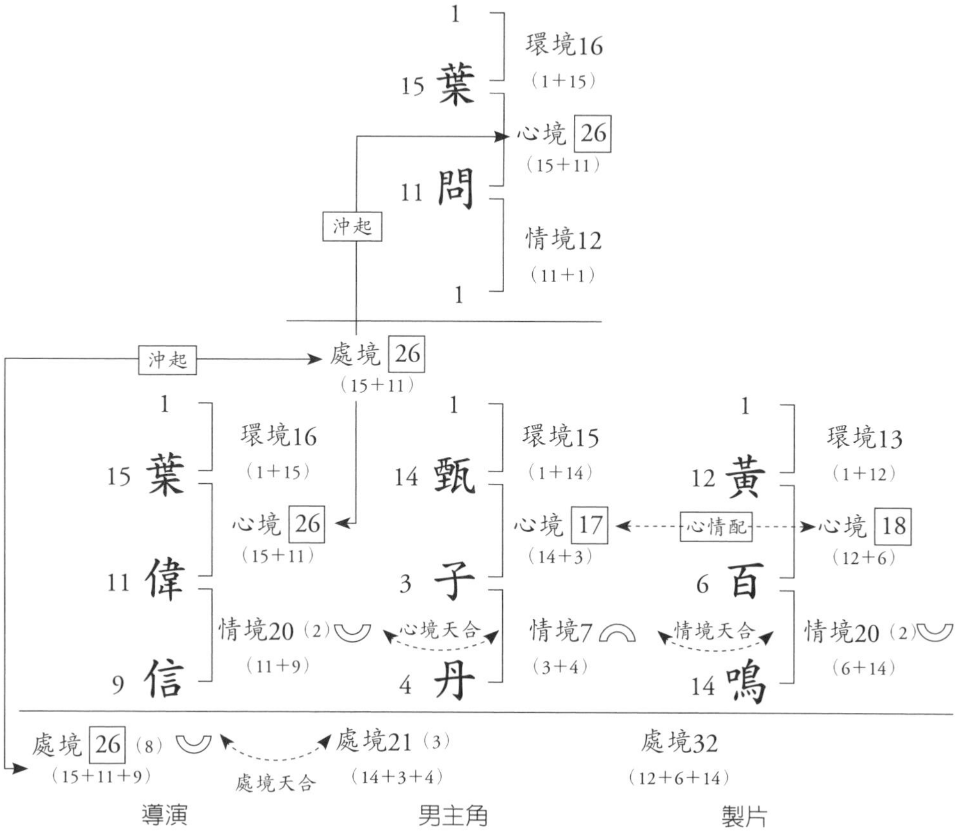

磁場解說與互動

◆甄子丹心境數17，黃百鳴心境數18，兩者爲「心境配」。雙方的情境合數黃爲2、甄爲7，爲情境天合（2、7合於南方），良性的互動、契合與賞識是其內涵。

◆導演葉偉信與甄子丹在情境方面，葉爲合數2，甄爲合數7，形成情境天合。同理，甄的處境合數3、導演葉的合數8，形成「處境天合」，它意味著默契十足，往往一個眼神就能了解彼此的心意，同時也能開創《葉問》電影的一片天空。

◆葉問與導演葉偉信在心境及處境方面之數字均相同，形成「心境沖」與「處境沖」，它具有沖起的磁場（詳閱沖和之論述），加之「環境沖」的加乘效果，使沖起的力量更強，它的意涵就是「神來之筆」，也就是拍攝時會有如神助般的創意或想法湧入腦海，無怪乎這部電影叫好又叫座。

案例2 磁場相合，錦上添花

《一代宗師》是香港導演王家衛所拍攝，講述民國期間，南北武林間多個門派宗師級人物的恩怨情仇，以及一代武學宗師葉問的傳奇故事。該片歷時八年籌備，三年拍攝，片中章子怡飾演八卦掌門之女宮二（宮若梅），梁朝偉飾演葉問。此片讓章子怡奪得十座影后的殊榮，然而梁朝偉卻相形黯然落寞，每每提名卻都榜落他家。是什麼讓章子怡如此幸運地連獲十座影后？又為何梁朝偉多次提名，卻無一中選？讓貴人磁場學為你解說！

宮若梅（宮二）為虛擬人物，故需與兩個虛擬名字匹配；虛擬人物一樣具有磁場，其強度與拍攝時間成正比，亦即時間愈長，磁場愈強。

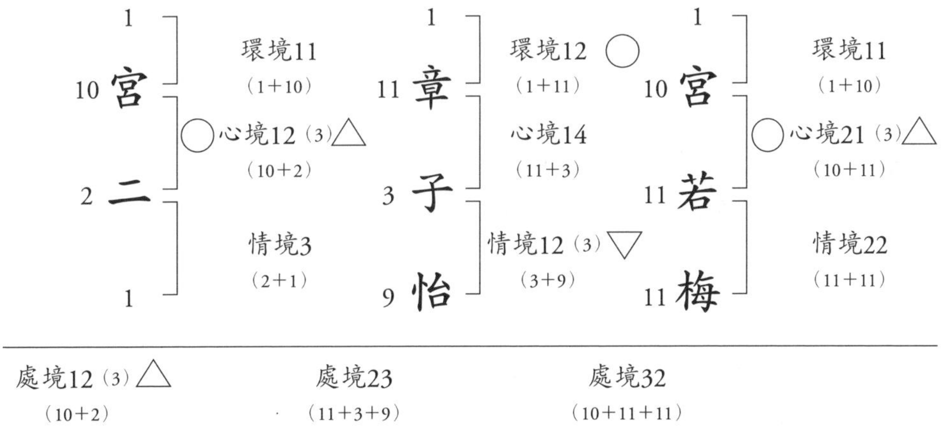

磁場解說與互動

章子怡的情境數12，分別相同於戲中最常用的名字「宮二」的心境數與處境數，稱「心情、情處合一」。章子怡的情境合數3，相同於宮若梅的心境合數3，稱「心情合」。此外，章子怡的環境合數3，同時相同於宮二與宮若梅的心境合數，稱「環心合」。

由於「心情、情處合一」、「心情合」的貴人磁場，再加之「環心合」的催化作用，不但闡明此角色由章子怡飾演極爲恰當適合，同時在拍戲的過程中，也會有如神助般的演技發揮。

接下來如能與導演有「配」或「合」，則如虎添翼。

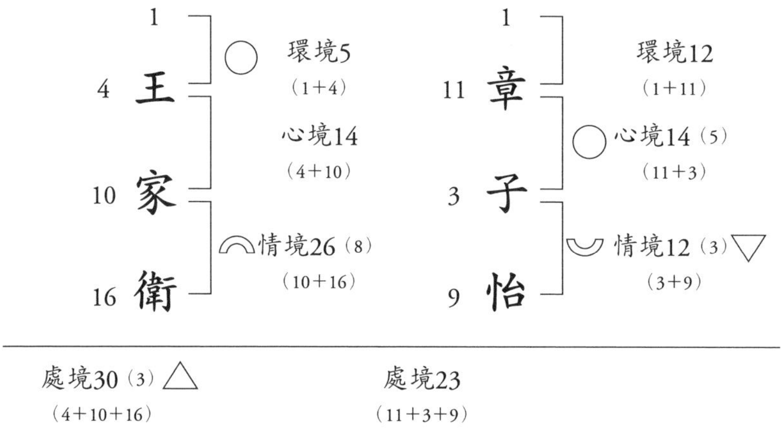

磁場解說與互動

- ◆章子怡的情境合數3相同於王家衛的處境合數3，爲「情處合」，其代表的意涵是「命中有你，希望相隨」。
- ◆章、王兩人情境合數分別爲3與8合於東方春耕位，稱之「情境天合」，有共創前景的能量。
- ◆王的環境合數5相同於章的心境合數5，稱之「環心合」。

章子怡與導演王家衛具有情處合、情境天合。加之環心合的催化作用，使章子怡有意想不到的呵護與收穫。事實上，一般認爲在《一代宗師》裡，宮二的戲分與角色的「吸睛度」，確實超越演一代宗師葉問的梁朝偉許多。

1			1			1		
		環境16（1+15）			環境12（1+11）			環境5（1+4）
15	葉		11	梁		4	王	
		心境26 ◯（15+11）			心境23（11+12）			心境14（5）▽（4+10）
11	問		12	朝		10	家	
		情境12（3）（11+1）			情境23（5）▽（12+11）			情境26（8）◯（10+16）
1			11	偉		16	衛	

處境26（8）◯（15+11）　處境34（11+12+11）　處境30（3）（4+10+16）

磁場解說與互動

◆梁朝偉與葉問無任何的「配」或「合」。

◆梁朝偉的情境合數5相同於王家衛的心境合數5，爲「心情合」。

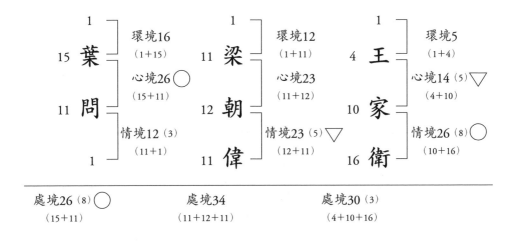

◆王家衛情境數26分別相同於葉問的心境數與處境數，爲「心情、情處合一」，並且兩人在情境與處境之合數分別爲3與8形成「情境天合」與「處境天合」，有共創前景的強烈磁場。

在台灣金馬獎及香港金像獎得過最多影帝頭銜的梁朝偉，很顯然此次與葉問無任何貴人磁場的互動，雖不能說無貴人磁場就拿不到獎，但當強敵對手環伺時，確實不容易得獎，縱然與導演王家衛有著心情合的磁場，也無濟於事。

反觀王家衛與葉問倒是具有「心情、情處合一」，以及情境、處境天合（3、8合於東方春耕位），這也難怪此片獲得多次最佳影片獎及導演獎。

案例3 一角伴終生，福祿享不盡

1993年趙大深製作的《包青天》，由中華電視台首播的電視連續劇，原計畫製作150集，但播出後收視率極佳，欲罷不能，故製播236集方告結束。同時在港、澳、大陸及東南亞、韓國等地造成轟動。

劇中金超群飾演包拯，范鴻軒飾演公孫策，何家勁飾演南俠展昭，此三人扮相深入人心，被稱爲包青天劇的「鐵三角」。2008年上海飛邁影視重新製拍《包青天》，由原班人馬（鐵三角）出演。自2009年8月1日登陸齊魯電視台晚間白金劇場以來，收視率一路高居榜首，此後在各個電視台均創佳績。

爲何由趙大深製作、金超群主演的包青天收視率屢創新高，造就了所謂「包劇鐵三角」？又爲何包劇的鐵三角，從年輕演到老卻仍然缺一不可呢？讓貴人磁場學爲你一一解說！

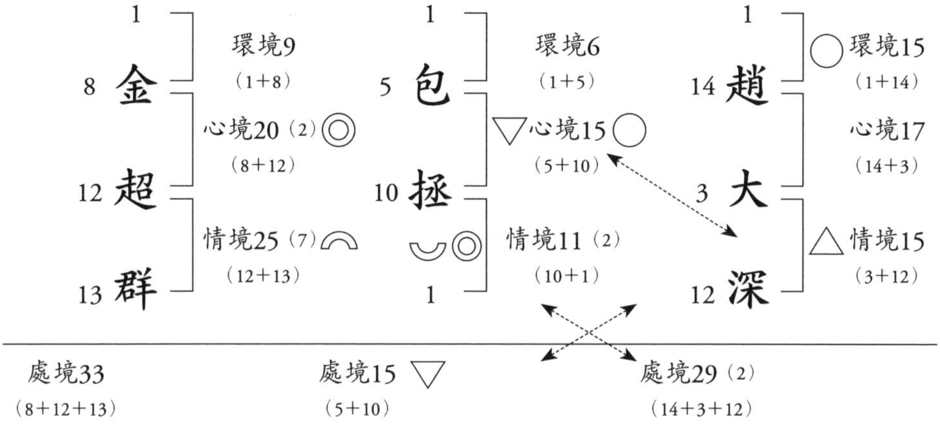

◎◎：包與金的心情合　　○○：包與趙的環心合

◡⌒：包與金的情境天合　　▽△：包與趙的心情、情境合一以及情處雙向迴流

磁場解說與互動

◆ 包拯與金超群：包拯情境合數2，相同於金的心境合數，此稱「心情合」。同時雙方於情境處的合數分別爲2與7，形成「情境天合」。

◆ 包拯與趙大深：

1. 趙的情境數15分別相同於包拯的心境與處境數15，稱「心情、情處合一」。
2. 包的情境合數2相同於趙的處境合數2；同時趙的情境數又相同於包的處境數，形成「情處雙向迴流」。
3. 趙的環境數15同於包拯的心境數15爲「環心合」。

製作人趙大深與包拯的磁場極強，使趙大深名利雙收。而金超群因飾演包拯一角，一夕成名，並於1995年榮獲台灣廣播電視金鐘獎最佳男主角獎。

迄今，他已經在台灣、香港、大陸、新加坡等地演了不同版本的包公劇逾六百餘集。近年又在青島開闢了「超群影視城」，而這個影視城只拍「包公戲」。貴人磁場的心情合與情境2、7，天合於南方亮麗與知名度之位，充分扮演了逾越時空，磁場依舊的護佑、相惜的角色。

何家勁，香港著名男演員及歌手。1988年演出台灣電視劇《八千里路雲和月》裡的岳飛，在台灣一炮而紅。何家勁與岳飛有「沖起」的磁場，故能一炮而紅；就如同李連杰與黃飛鴻的「沖起」一樣，使其主演的黃飛鴻系列電影，部部暢銷大賣。

於1993年在《包青天》中所飾演「御貓」南俠展昭一角更是造成轟動，廣受影迷的歡迎。

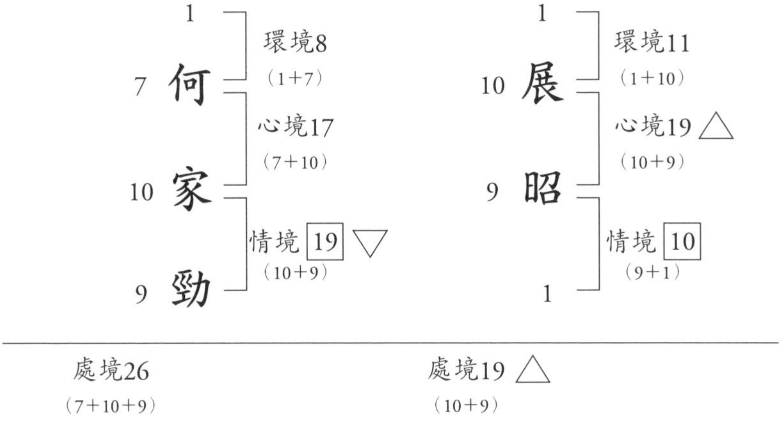

磁場解說與互動

- ◆何家勁的情境數19分別相同於展昭的心境與處境數稱「心情、情處合一」。
- ◆何家勁之情境數19，展昭爲10，在同一母數下的9與0爲一個家族，形成「情境配」。

范鴻軒，接演過數十餘部電視連續劇，但最讓觀眾印象深刻的角色，就是在《包青天》中飾演溫文儒雅、彬彬有禮的公孫策。

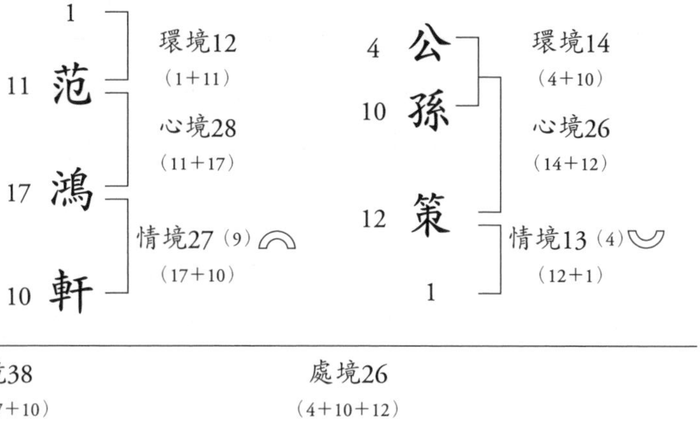

磁場解說與互動

在情境方面，公孫策合數爲4，范鴻軒爲9，形成「情境天合」中的4與9合於西方的秋收位。在包劇中，公孫策一角似已與范鴻軒結合在一起，少了他就好像吃酸菜白肉鍋忘了放酸菜一樣。情境4、9，天合於西方秋收位，確實是因飾演公孫策一角，帶給他如秋收般的豐碩成果。

案例4 宗教與信仰，心安與神助

台灣是一個宗教信仰多元化的地方，計有佛教、道教、天主教、基督教、回教、一貫道、統一教、印度教等，在傳統宗教方面，主要有佛教、道教和民間信仰，但目前除了少數是純粹的佛教寺院外，大部分都參雜道教色彩。

佛教、道教合流是有其歷史因素，在日據時期，道家因蘊含中國文化精神而受到日本迫害，信徒只好在佛教寺廟中奉祀道教的神，延續至今形成了台灣本土的特色。

道教是中國本土宗教，中國人一向尊崇具有高尚情操之人，所以常將他們神格化供奉在廟裡祭拜，如關公就是一個典型的例子。然而有人信神，純爲信仰，只求心安，無求回報或根本也無回報；但爲何有人可以兩者兼得，除了心理層面的「心安」，同時又有實質層面的「神助」呢？人與神之間亦有「緣分」之說，而緣分也就是本書所述的貴人磁場。今就以台灣富豪郭台銘與其供奉之神關公爲例。

眾所皆知，鴻海董事長郭台銘信奉關公出名，有許多神蹟之事顯現，遠的不說，就以2014年3月名聞中外的「太陽花」學運爲例，學生占據立法院達24日之久，結束這場學運最重要的關鍵，無疑是立法院長王金平前往議場，做出「先立法、再協商」的承諾，促使學運領袖決定光榮退場，而扮演此次重要的幕後功臣之一就是郭台銘。

各大報章及電視媒體均大篇幅報導，郭台銘會積極扮演穿針引線的角色，實是受關公發爐的指示，希望他能扮演更積極的角色，讓國家盡快擺脫虛耗，渡過難關。王金平經由郭台銘牽線與巧妙的安排下，化解種種的僵局，最終將學運畫下句號。

郭董與關聖帝君有著「心境天合」與「情處合」加之雙向「環心合」的極速加乘效果，事業有如神助般飛黃騰達本就是毋庸置疑的。算算自己與信仰的神明是否有緣！無緣求心安、庇佑；有緣可求神助。但不論求心安或求神助，心誠向善最重要。

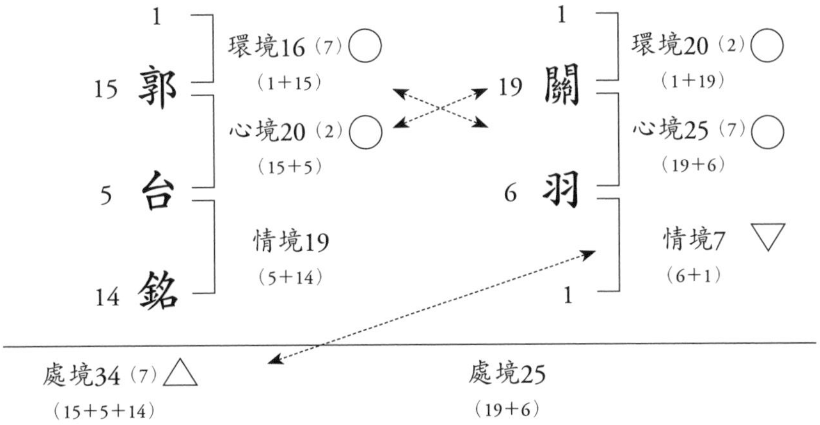

磁場解說與互動

郭台銘的環境合數7，相同於關老爺的心境合數7，反之亦然，此稱「雙向環心合」。環心合爲催化劑，也就是雙方要有可催化之「配」或「合」任一者，供其催化加乘，否則空有「環心合」。由於有「情處合」（關之情境合數7，相同於郭的處境合數7），與「心境天合」（郭、關的心境合數分別爲2與7），使少見的「雙向環心合」得以將「情處合」的眞諦「命中有你，希望相隨」，及「心境天合」的心意相通發揮至極大化。

第 7 章

貴人進階篇

欲窮千里目，更上一層樓

知彼知己，百戰不殆。不知彼而知己，

一勝一負。不知彼不知己，每戰必殆。

——《孫子兵法》第三章謀攻篇

孫子兵法強調敵我雙方的了解與戰爭勝負的關係，它包括了雙方在各種主觀與客觀條件的了解。在找尋貴人的過程中或已找到貴人後，相處、共事、合夥等，要知彼知此方能做好貴人關係的經營與維繫。

貴人磁場學的「知彼知此」就是了解彼此的三境（環境、心境、情境）的五行，也就是「實境」的內涵與「潛境」的互動關係。

五行的概述

欲知「實境」與「潛境」，必須先行了解自然界的「五行」，它代表了我中國老祖先們的智慧結晶。「五行」者，金、水、木、火、土，大自然的五種基本元素，它們彼此間存在著相生與相剋的哲理，適用於萬物。能夠眞正理解此一哲理者，在人生的旅途中絕對是深曉「拿得起，放得下」、「有捨才有得」、「有痛才有快」的高人。

表7-1 數字五行一覽表

數字	五行	自然屬性	方位	顏色
1	陽木	有生命的植物。如花、草、樹木等。	東方	綠色
2	陰木	木質材料、成品如桌椅、雕刻品。		
3	陽火	燃燒之火。	南方	紅色
4	陰火	光線與熱能。		
5	陽土	活性土壤、軟土。	中土	黃色
6	陰土	死土、礦石。		
7	陽金	雜金、或未經提煉之金屬。	西方	白／金色
8	陰金	金屬成品、飾品。		
9	陽水	活水如海、湖等。	北方	黑／藍色
0	陰水	死水或雨水、露水、雲霧等等。		

圖7-1 五行相生

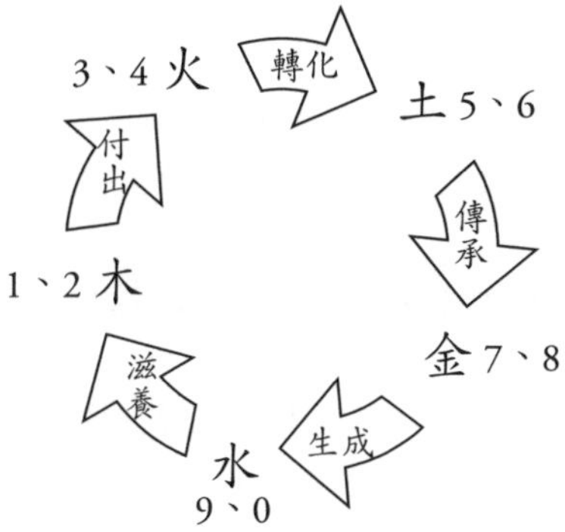

◆相生者代表生生不息、代代相傳，其內涵爲付出、傳承與轉化。萬物以木爲起始，象徵欣欣向榮的春天。

◆相生者，順生也，如水生木、木生火、火生土、土生金、金生水，循環不已。

◆木生火代表付出；火生土代表轉化；土生金代表傳承；金生水代表生成；水生木代表滋養。

圖7-2 五行相剋

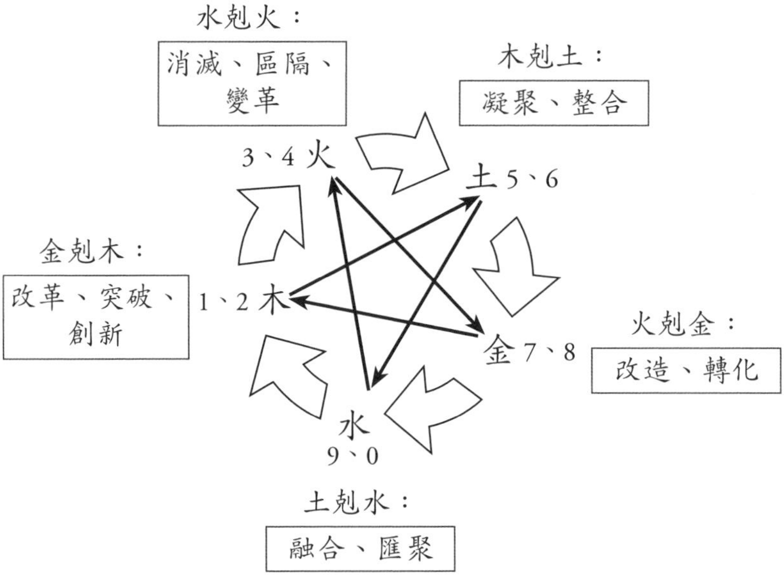

◆相剋其意義爲「破壞與再造」、「突破與改革」、「創新與革新」、「整合與融合」。

◆相剋者，越格順剋也，如金剋木、木剋土、土剋水、水剋火、火剋金，亦循環不已。

◆金剋木代表突破、改革、創新；木剋土爲凝聚、整合；土剋水爲融合、匯聚；水剋火爲消滅、區隔、變革；火剋金爲改造、轉化。

五行生剋邏輯關係

五行的「行」是表示一種動能，以五種物象來詮釋五種動能，它是一種屬於自然科學現象。較之西方的四大要素：風、水、火、土更具科學與邏輯。

木行：即是花、草、樹木，是宇宙生命的根源，也是五行中唯一具有再生的功能。所謂「野火燒不盡，春風吹又生」，即強調其生命的韌性，代表「成長的動能」。

火行：即是熱能，爆發力、離心力、擴散力強，短暫、快速爲其特性，代表「爆發的動能」。

土行：爲四季之土，涵養力豐富、厚實，提供萬物所需的養分，代表「穩定的動能」。

金行：代表價值、堅固與凝結，宇宙中最具凝聚力者稱之，代表「強固的動能」。

水行：代表流動性，有趨下而避上的特點，擁有外柔而內剛的能量，代表「流通的動能」。

五行相生的關係

水生木：水以滋養樹木使其成長。

木生火：木本就生火，尤以森林多火災。

火生土：火燒完後的灰燼化爲塵土。

土生金：久土成礦或金屬礦石藏於土中。

金生水：有三種情況：一、金遇濕氣則生水；二、地質的最底部爲水以做爲緩衝之用；三、全世界產金（泛指有價值礦類）之地必多雨，因金須水洗。

五行相剋的關係

金剋木：伐木、修剪木的工具都是用金屬所製成的。

木剋土：木吸取土中的養分成長，同時凝聚、整合鬆散的土質。山坡地亂墾亂伐的結果就是造成土石流，甚至於走山的元凶，這些都是因爲沒木去剋土的關係。

土剋水：水來土掩，流動的水遇土則被吸收或阻其前行。

水剋火：水火不容，火須水滅。

火剋金：任何金屬礦物均需由火來熔解提煉。

循環週期 VS. 五行家族

商品生命週期

1966年美國經濟學家Raymond Vernon提出了「產品生命週期說」（product life cycle theory），它是依據人由生到死的一路過程演繹，到商品經由研發、製造、生產、新品上市推廣、成長、產銷巔峰一直到衰退、下市或轉化的大自然不變的定律，如下圖：

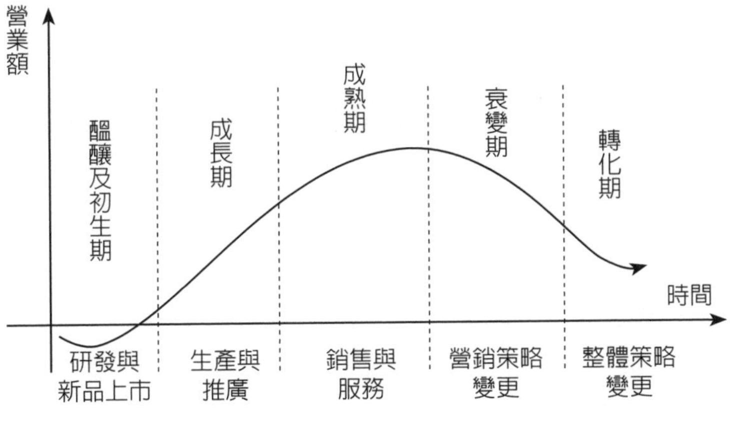

圖為由醞釀（研發）及初生期（新品上市）、成長期、成熟飽和期、衰變期到轉化期

今就以產品生命週期解釋五行家族之分類與循環。

五行家族顧名思義就是每一「行」都有著其所屬的地盤，在此地盤上所凝聚、共生或志同道合，氣息相通之士稱爲「家族」，每個家族都有其不同階段性的使命與任務，如圖7-3所示。

圖7-3 五行家族生剋循環圖結合商品生命週期圖

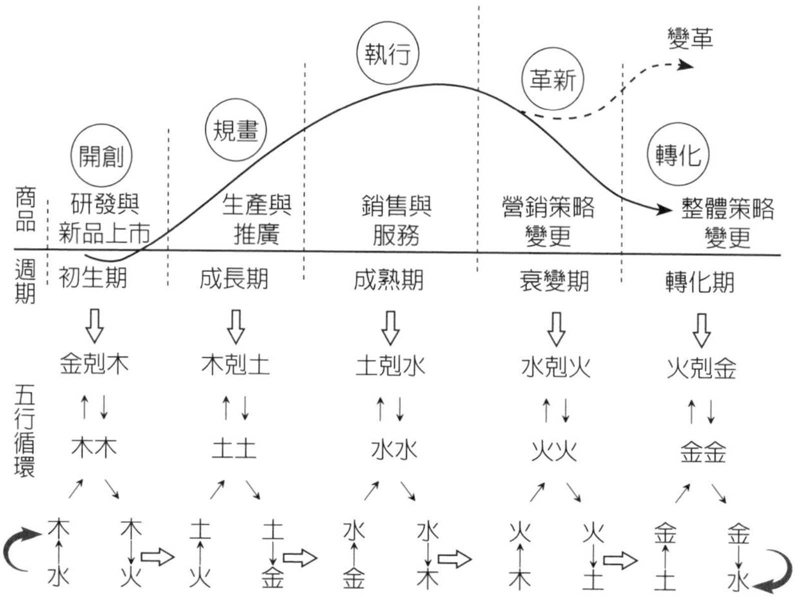

生者意指相生，如木生火、火生土、土生金、金生水、水生木稱之。於每一家族的底部均有兩組五行相生。一如左輔右弼，爲該家族之棟樑與命脈。其所代表的意涵如下：

1.左上生者重點在「安內」，負責內部成長的動能較多；右下生者重點爲「攘外」，負責此家族前進的動能；例如木行家族的底部（左下方箭頭向上）爲「水生木」（木吸水），爲此家族的內政部長，專司內部節流、成長與制度；而另一個底部（右下方箭頭向下）爲「木生火」（木點火），爲此家族的外交部長，司掌開源、開創與突破等，以此類推。

2.生者的箭頭向上或向下攸關其所屬的家族；例如「水生木」分兩種：第一種木上水下稱「木吸水」，爲木行家族的左輔著重開創、突破；第二種水上木下稱「水淋木」，爲水行家族的右弼著重執行與藉力使力，以此類推。

五行循環論

萬物皆有循環，五行亦不可例外，圖7-3所示，爲自然界基本循環的五個階段所演繹出的五行家族。

初生期爲木行家族；成長期爲土行家族；成熟期爲水行家族；衰變期爲火行家族；轉化期爲金行家族。分別說明如下：

初生期

以商品而論，由醞釀過程的研發到成品的階段稱初生期。此階段如以五行譬喻，則以「木」行家族為代表；萬事起頭難，春耕的好壞已決定了一半的成敗。

自然循環論

萬物以「木」爲生命之起始，木需水滋養茁壯（水生木）；單木成雙爲「林」（木木）；木茂成「森」。「森」者需「金」器修整砍伐（金剋木），砍伐之木，用以生「火」（木生火），否則交由自然界來主導；那即是天乾物燥，森林多火（焚）的緣由。

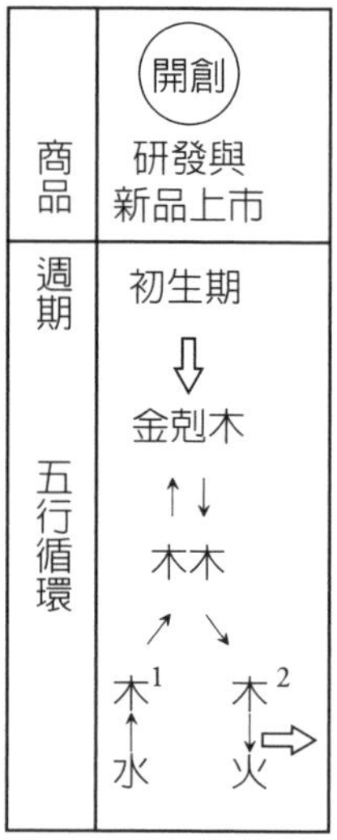

所以木行家族成員有四：「水生木」[1]、「木木」、「金剋木」、「木生火」[2]。研發、醞釀、突破、開創（creation）爲此家族之特色。但如細分，各自有程度上之差異，各司其職。

1. 點子王、創新、突破能力以五行架構「水生木」、「木生火」爲此家族之最。

2. 開創能力以五行架構「木木」爲此家族之最。

3. 整頓力、領導力以五行架構「金剋木」爲此家族之最。

---

1 「水生木」為木在上、水在下，形成「木吸水」；為木行家族的左輔。

2 「木生火」為木在上、火在下，形成「木點火」；為木行家族的右弼。

成長期

新品問世後的汲汲營營期稱之。此階段以「土」行家族爲代表；研發的新商品問世後，缺乏市場的認知，及消費者的滿意度與忠誠度（customers' loyalty），所以產品推廣、通路策略、安排適度生產（以防庫存過高）是此段的重點。

自然循環論

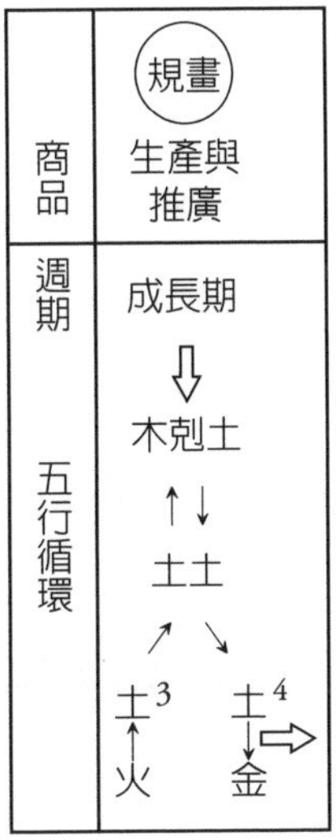

四季之「土」需火生（火生土），土雙成「圭」（土土），土眾成「垚」（音同堯）。「垚」者需木來聚合（木剋土），用以生金（土生金）。否則自然界的土石流將取而代之。

所以土行家族成員有四：「火生土」[3]、「土土」、「木剋土」、「土生金」[4]。故深曉規畫、策畫與整合爲土行家族的長處。依程度分：

1. 規畫、策畫能力以五行架構「火生土」、「土生金」爲此家族之最。

2. 凝聚能力以五行架構「土土」爲此家族之最。

3. 整合能力以五行架構「木剋土」爲此家族之最。

---

3 「火生土」為土在上、火在下，形成「土中火」；為土行家族的左輔。

4 「土生金」為土在上、金在下，形成「土藏金」；為土行家族的右弼。

成熟期

由成長期緩步趨堅的銷售到供不應求的銷售稱之。此階段以「水」行家族為代表；商品已為消費者接受，滿意度與忠誠度皆已具備，通路的擴展、營銷策略的執行、銷售的增長及售後的服務等為此段重點。

自然循環論

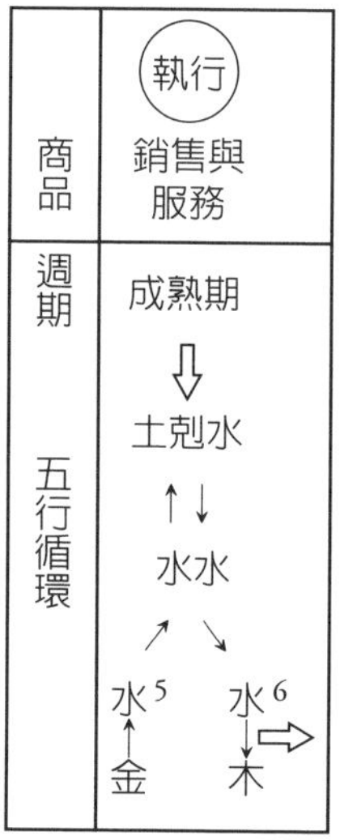

「水」需金生（金生水），水多成「林」（水水），源源之水成「淼」。「淼」者需土來阻隔、疏洪、匯聚（土剋水），蒼生得以飲用、灌溉賴以生存（水生木）。否則自然界的水患如洪水潰堤、黃河之氾將取而代之。

所以水行家族成員有四：「金生水」[5]、「水水」、「土剋水」、「水生木」[6]。執行力、藉力使力、聚合、疏通力、配合力、行銷能力等為水行家族的優勢。依程度分：

1. 執行力以五行架構「金生水」、「水水」為此家族之最。

2. 藉力使力的能力以五行架構「水水」、「水生木」為此家族之最。

3. 配合、聚合、疏通能力以五行架構土剋水為此家族之最。

---

5 「金生水」為水在上、金在下，形成「水淘金」；為水行家族的左輔。
6 「水生木」為水在上、木在下，形成「水淋木」；為水行家族的右弼。

衰變期

亢龍有悔、物極必返的道理眾人皆知，此階段以「火」行家族爲代表；此時商品在市場已「火」到白熱化，競爭十分激烈，由原先獨家變成十數家販售，由原先高利潤變成「茅山道士」（毛利率僅剩3～4%），嚴重供大於求的失衡現象，市場呈現「價格競爭」（Price competition），價格領導一切。

自然循環論

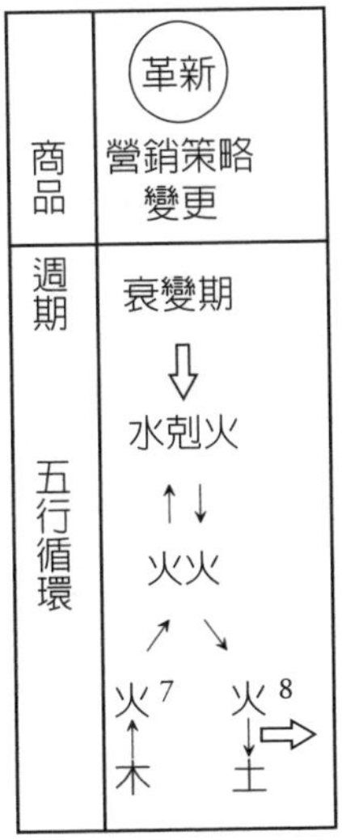

「火」需木生（木生火），火雙成「炎」（火火），火眾成「焱」。「焱」者需水制其威（水剋火），用以生土（火生土），否則自然界的熊熊烈火將取而代之。

所以火行家族成員有四：「木生火」[7]、「火火」、「水剋火」、「火生土」[8]。思變、革新（Innovation）、創造附加價值（Incremental value）或開創第二春爲火行家族的強項。依程度分：

1. 點子多、思變能力以五行架構「木生火」、「火生土」爲此家族之最。
2. 創造附加價值的能力以五行架構「火火」爲此家族之最。
3. 改革或革新能力以五行架構「水剋火」爲此家族之最。

7 「木生火」為火在上、木在下，形成「火燃木」；為火行家族的左輔。
8 「火生土」為火在上、土在下，形成「火變土」；為火行家族的右弼。

轉化期

市場從價格競爭演變成「完全競爭」（Perfect competition），意即不論好品質或壞品質都是一個價，市場呈現較混亂無序的狀態。如何凸顯與眾不同或其獨特性（Unique）、價值性（Value）等，是此家族的標準配備。

所以溝通、協調、持續力、改造、轉化力（窮則變，變則通）爲金行家族的特點。

自然循環論

「金」需土生（土生金），金雙成「錚」（金金），金多成「鑫」。「鑫」者需火淬鍊其價值（火剋金），用以生水，以造福蒼生，提供蒼生賴以生存之基本需求（金生水）。否則自然界的貧富懸殊、爲官不義、爲富不仁當道將取而代之。

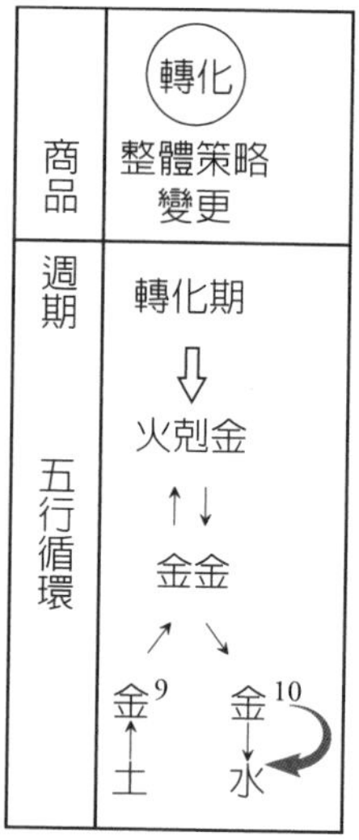

所以金行家族成員有四：「土生金」[9]、「金金」、「火剋金」、「金生水」[10]。

就其家族之特點，依程度分：

1. 說服力、溝通、協調能力以五行架構「土生金」、「金生水」爲此家族之最。

2. 持續能力以五行架構「金金」爲此家族之最。

3. 改造、轉化能力以五行架構「火剋金」爲此家族之最。

---

9 「土生金」為金在上、土在下，形成「金耀土」：為金行家族的左輔。

10「金生水」為金在上、水在下，形成「金化水」：為金行家族的右弼。

循環階段 vs. 循環片段

一物一太極，一沙一世界，凡任何「階段」的完成必須要經過一個循環；大階段須經大循環；小階段則須經小循環，沒有經過循環的「時期」不能稱爲「階段」，只能稱爲「片段」，讀者不可不知。

例如「木」行家族的循環，先由水分充足的地方孕育樹苗（水生木），由苗逐漸茁壯成長爲樹（木木），參差不齊或枯枝敗葉須經修剪（金剋木），殘木用以生火（木生火），至此木行家族的小循環完成。當木生火完成後，火熄變土，又進入土行家族的循環，以此類推，如圖7-4所示。

它一如「易經」中有四卦是代表循環的本質。第一卦「乾卦」與第二卦「坤卦」爲陽與陰的循環；最後的兩卦第六十三卦「水火既濟」與六十四卦「火水未濟」強調完成，就是另一次的開始，合久必分，分久必合的循環，生生不息，循環不已。

有了五行相生、相剋、平者（例如木木、火火等稱之）的基本概念，接下來就方便解說由雙方的五行組合所產生的五行配——分「實境配」與「潛境配」。

圖7-4 五行循環圖

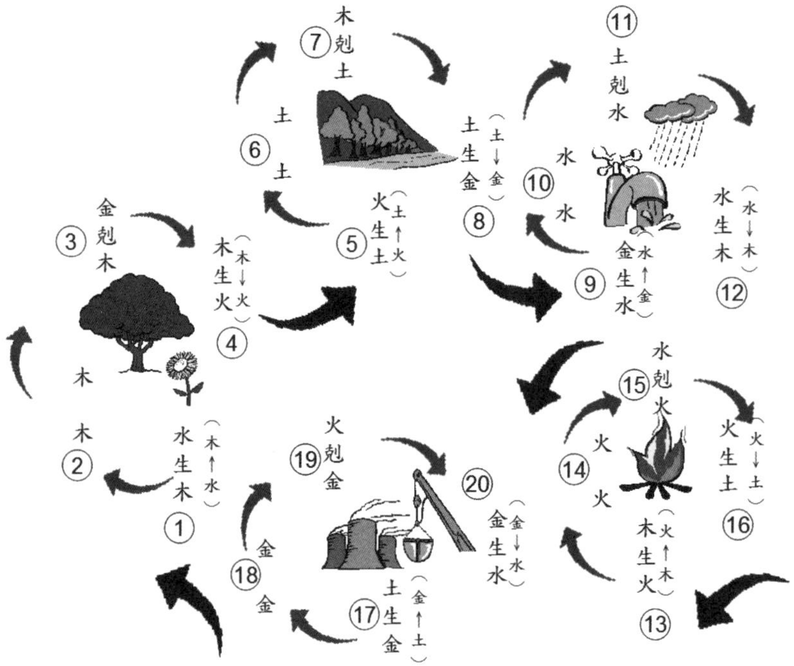

依續由木行家族、土行家族……，循環至金行家族完成一大循環

從五行衍生之實境配

實境配之意涵為惺惺相惜、志同道合，更甚者，一方的想法會由另一方執行。實境為個人之數字轉化成五行，依數字的「子數」決定五行的歸屬。1、2為木；3、4為火；5、6為土；7、8為金；9、0為水。

安妥五行後，五行之組合將有「相生者」、「平者」與「相剋者」三種組合而成，依所在位置的不同而有不同的功能，敘述如下，並參照圖7-5：

1. 由「環境」到「心境」為領導力，猶如人之大腦，司掌「思考」與「決策」的領導功能。

2. 由「心境」到「情境」為執行力，猶如人之手腳，司掌「行動」與「作為」的執行功能。

3. 一方代表「領導力」的五行組合，相同於另一方代表「執行力」的五行組合稱 「實境配」，其強弱之程度以「同數字同五行」為最強，「不同數字同五行」次之。

4. 領導力代表了「做人」與「思想」的功能，執行力則相當於「處事」與「實踐」的功能；「思想」之所欲，由執行來「實踐」。

圖7-5 領導力與執行力說明圖

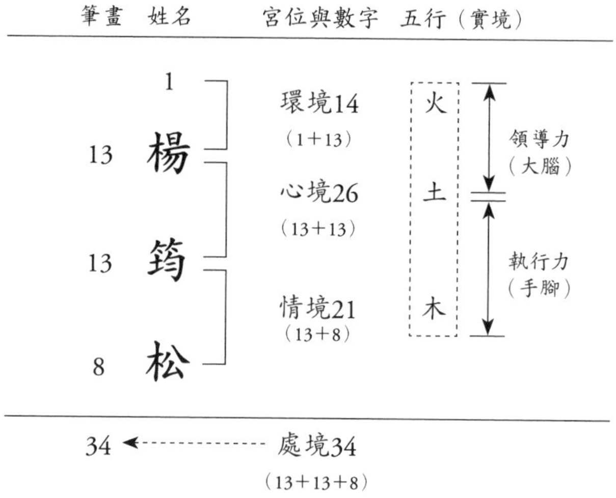

圖中環境的數字爲14，以子數4爲準，安五行火；心境數26，以6安五行土，由環境五行「火」與心境五行「土」構成「火生土」的領導力五行組合，以此類推，得知執行力的五行組合爲「木剋土」。

案例1 良師益友、老而彌深

眾所周知，汪道涵與中共前國家主席江澤民關係良好，兩人亦師亦友的情誼伴隨終身，老而彌深。一路走來，汪道涵扮演著關鍵貴人角色，特別是在江澤民政治生涯的幾個關鍵時刻，汪道涵適時提攜、舉薦或力挺，使江澤民仕途平順。

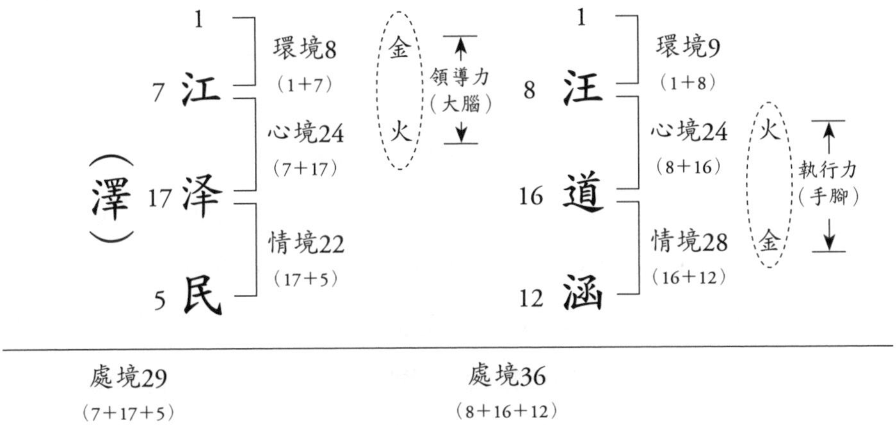

磁場解說與互動

江澤民的領導力爲「火剋金」，而汪道涵的執行力爲「火剋金」。由於江的領導功能與汪的執行功能相配於「火剋金」，意味著江澤民的獨特性與其價值的凸顯由汪道涵來執行，無怪乎汪一路的提攜、舉薦與力挺得以證明。

實境配中的「執行功能」會主動地或間接地滿足或執行「領導功能」的欲求，而「領導功能」也會主動地或間接地回饋「執行功能」的辛勞。汪對江提攜不遺餘力；而江任國家主席時亦將重要的海峽兩岸事務交由汪來負責；具歷史代表性的「辜汪會談」、「九二共識」於此誕生。

案例2 馬雲的三個關鍵貴人

當阿里巴巴登上中國第一大電子商務寶座時，馬雲感恩地說，這輩子要感謝四個人，第一位是將資金投入阿里巴巴的孫正義；第二位是提供資源的雅虎創辦人楊致遠；第三位是他一直崇拜的武俠小說作家金庸；第四位是蔡崇信。

金庸武俠小說裡的俠骨柔情、正義凜然、邪不勝正的英雄氣概，深深地影響了數以千萬計的中國人，這是毋庸置疑。今就以提供阿里巴巴實質助力的孫、楊、蔡加以說明。（孫正義在情境天合已有詳細說明，請參閱）

2005年8月在北京宣布，「雅虎中國」與大陸知名網站「阿里巴巴」策略聯盟，由阿里巴巴收購「雅虎中國」全部資產，同時獲得雅虎10億美元的現金投資，阿里巴巴同時也無限期享有雅虎在中國市場的品牌使用權。

而對於雅虎而言，將可取得阿里巴巴40%股權及35%之股票權，新的執行長將由阿里巴巴原執行長馬雲出任。此次的購併案使阿里巴巴鹹魚大翻身，不僅是讓阿里巴巴有充足的資源建構「淘寶網」，同時也坐穩中國第一大電子商務寶座。

阿里巴巴與雅虎的結合，是大陸網路史上至今最大的一樁購併案。雅虎創辦人楊致遠爲了使馬雲順利接掌雅虎中國業務，他親自寫了一封公開信給雅虎中國員工，讚揚在馬雲領導下的遠景與使命。

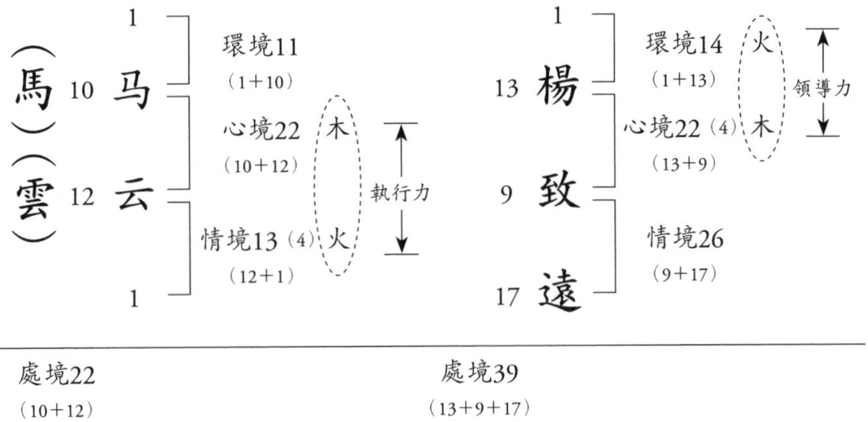

磁場解說與互動

1. 楊致遠的領導力與馬雲的執行力相同，均爲「木生火」稱「實境配」，表示「思」與「行」一致。
2. 楊致遠的心境合數4與馬雲的情境合數4相同爲「心情合」。

馬、楊俱有實境配，在此組合中，楊致遠的領導功能與馬雲的執行功能相配於「木生火」，木生火的特色就是創新、突破、點子多、辯才無礙，這些都必須要靠執行力，否則將流於空談。在眾裡尋他千百度，驀然回首，馬雲就在那燈火闌珊處，於是一拍即合。楊致遠對雅虎中國力有未逮或未竟之志，難竟全功之處，全交由扮演執行功能的馬雲，於是購併案自此誕生。

但如此龐大的購併案，影響範圍極廣光憑實境合略嫌力薄，馬、楊兩人尚有「心情合」加以鞏固之，得以使此案順利完成，阿里巴巴也因此邁向另一里程碑。

阿里巴巴背後的操盤手[11]

馬雲曾說：「他是我最感謝的人」，沒有他，阿里巴巴恐怕撐不過網路泡沫；沒有他，阿里巴巴就拿不到日本軟銀資金，也吃不下雅虎中國，他是誰？

蔡崇信，一個來自台灣的資本運作高手，現任阿里巴巴董事局執行副主席；曾任阿里巴巴財務長、Invester AB副總裁、紐約購併公司Rosecliff Inc.副總裁、紐約執業律師。

1998年，因代表Invester AB計畫參與阿里巴巴的增資案而結識了馬雲，幾經談判後，蔡崇信深深地被馬雲所闡述阿里巴巴的遠景與使命所折服，於是毛遂自薦，甘願放棄年薪三百萬港幣的優渥待遇，只拿五百元的月薪加入馬雲團隊。

「錢」是網路公司的底氣；錢雖非萬能，但無錢可是萬萬不能，籌錢則是蔡崇信加入阿里巴巴最艱難的任務，歷經三次增資，每次雖都兩岸猿聲啼不住，但都能輕舟已過萬重山，讓阿里巴巴脫胎換骨，否極泰來，無怪乎是馬雲最感謝之人。

---

11 資料來源：今周刊No.889（2014.01.06～2014.01.12），及聯合報2013.05.08。

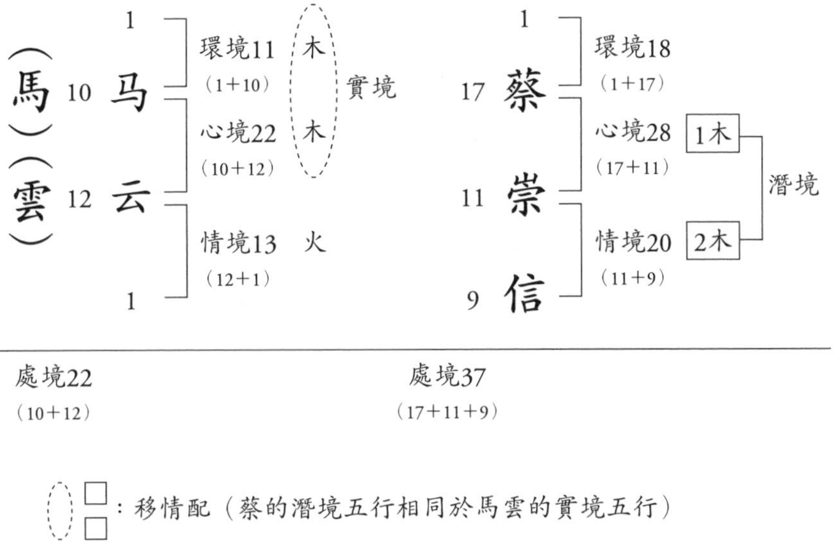

馬雲的領導功能爲「木木」及執行功能「木生火」均屬木行家族，開創、創新及點子多、突破爲此家族的特色，也正因此種因素深深地吸引著蔡崇信並爲其折服，心甘情願地胼手胝足、披荊斬棘與馬雲共創未來。

正如媒體報導，馬雲個性外向，擅長演說，辯才無礙，極具個人魅力；蔡崇信則行事低調不多言，兩人一陽一陰，一動一靜充分發揮了「移情配」的最高境界。

接下來就爲各位介紹何謂移情配，以及它有何作用？

潛境配（移情配）

潛境配或移情配代表潛意識中的喜好，例如一種被自己欣賞或崇拜的特質；或是一種被壓抑的欲望；或潛藏在內心深層的一種性格等，投射或轉嫁於具有此特質或性格的第三者身上。

筆者有一位富二代的朋友，自小就崇拜「黑道老大」，但因家庭的管教約束，以及自己的個性膽小怯懦，這黑道大哥的位置對他來說遙不可及，但他有一滿足宿願的舉措，那就是結交、資助那些他認定的黑道大哥。

當他與黑道大哥們把酒言歡時的崇拜眼神，酒過三巡後，狐假虎威的豪氣，以及曲終人散後的平淡落寞，這就是偶有滿足「潛境」的其中一種的詮釋。

移情配的構成要件：

1. 將心境合數與情境合數轉化成五行，依合數決定五行的歸屬。1、2爲木；3、4爲火；5、6爲土；7、8爲金；9、0爲水。

2. 一方的潛境五行與另一方的實境五行相同者稱「移情配」，如右圖所示。

移情：潛境所好，移施於人

移情配貴在交心，如無交心，則移情配形同虛設，毫無作用。心交愈深、情能愈強；情能爲因情感所產生的動能，也就是心甘情願的力量；此種潛能（移情配）常發揮於：

1. 合夥關係：一主內，一主外，陰陽、虛實配合得宜，達互補之效，事業順遂、財源廣進。

2. 從屬關係：做爲領導者的左輔右弼、智囊、策士、秘書都會有很好的表現。

3. 朋友關係：生我者父母，知我者往往就是這位朋友。

4. 夫妻關係：在兩情相悅下，尤顯你儂我儂。

以上的關係，建立在欣賞、崇拜或與自己潛藏個性相合等的移情作用，所以用心經營與灌溉彼此間的關係是極爲重要的，此種經營與灌溉的成果稱「交心」。

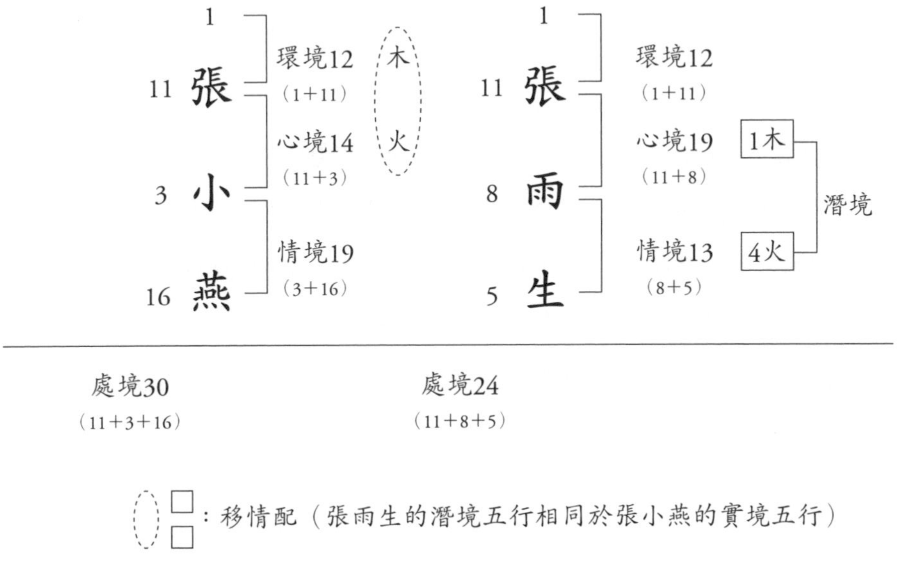

：移情配（張雨生的潛境五行相同於張小燕的實境五行）

磁場解說與互動

張雨生的心境合數爲1，轉化成五行爲木，情境合數爲4，轉化成五行爲火，故潛境爲木生火；張小燕的實境有木生火，此種組合稱「潛境配」或「移情配」。亦即張雨生在潛意識是很欣賞「木生火」的特質：高瞻遠矚、創意無限、洞燭機先等，而這些都是張小燕身上所具有的特點，也是張雨生所欣賞崇拜的，移情作用就此發酵。

案例 高亢動感，魅力十足

張惠妹，著名華語流行音樂女歌手，對華語流行樂壇深具舉足輕重的影響力，是亞洲首位登上《時代》雜誌亞洲版封面及入選亞洲二十大風雲人物的歌手。

1994年張惠妹奪得台灣歌唱比賽《五燈之星歌唱擂台》「五度五關」的最高榮譽，爲該節目數十年來第73位的「五燈之星」。

奪得比賽優勝之後，張惠妹加入表哥的樂團成爲女主唱，在台北的PUB（酒吧）駐唱。在無心插柳的短暫半年PUB經歷中，阿妹不知不覺地累積了多元的歌唱風格及技巧，同時遇到對她一生影響最大的貴人——張雨生。

在張雨生攏同豐華唱片的張小燕等人聽過阿妹在PUB的現場表演後，豐華決定與她簽約，並由張雨生指導及激發張惠妹的歌唱潛能。

張惠妹在張雨生的協助下發行第一張專輯《姊妹》，此張專輯在IFPI榜上蟬聯九週銷售第一名，在台灣銷售量超過百萬張，全亞洲超過400萬張。至此阿妹正式步入星光大道，展開傳奇的人生旅程。

2011年富比士調查「在大陸最知名的25位台灣人」，張惠妹榮登榜首，結果指出，其影響力高於許多娛樂圈同業及政、商界知名人物。

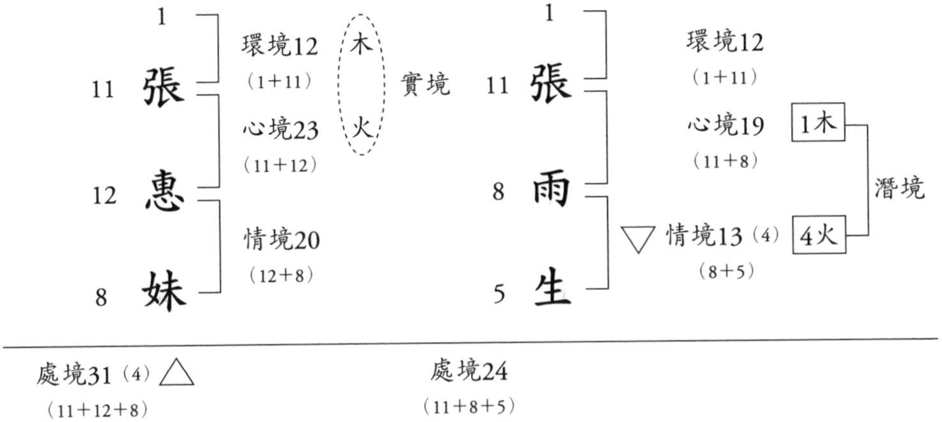

磁場解說與互動

1. 張雨生的潛境五行爲「木生火」，與張惠妹的實境木生火相同，稱「移情配」。
2. 張雨生的情境合數4相同於張惠妹的處境合數4，爲「情處合」。

張惠妹的高亢野性並帶有稍許沙啞震撼的歌聲，是張雨生在潛意識中的最愛，如今在張惠妹處發現，此種移情作用將毋庸置疑地全部投射在阿妹身上。

在阿妹與張雨生又有「情處合」的加持下，老師無怨無悔、毫不藏私的傳授，徒弟心甘情願的受教、改正，同時也相當理解張雨生音樂的精神所在，兩人亦師亦友，相互幫助，互相影響。張雨生去世後，張惠妹一直以「張雨生的大弟子」自居。

鑑往知來修心性

姐妹：非親非故、無悔付出

每個女人身邊或許都會有一個或幾個淘氣瘋癲的女人，她們稱為「姐妹」。

她們不是親人卻血濃於水互相依靠；明明不是一個娘胎所生，卻見人就說「這是我的親姐妹」；明明不是情人，卻付出得比情人還多；明明不是故意鬥氣，卻每次都暗地裡計較很多……，無數的「明明」，但當你需要她時，一通電話隨傳即到，相濡以沫地陪妳赴湯蹈火也在所不惜，這就是姐妹。

女人心海底針，女人之間的情感尤其難理解！嘴上經常念你、罵你，但心裡卻是始終有你、疼你，這就是姐妹！如果你身邊有這樣可愛的女人，她比貴人還值得妳好好珍惜。

第 8 章

流年貴人

良辰美景，稍縱即逝，善加把握

——剎那即是永恆——

佛說：「剎那即是永恆」，看似詭譎奇異，其實世上萬事萬物均是一段因緣，有故則彼有，此生故彼生；此無故則彼無，此滅故彼滅。如能善加把握住如流星般的「剎那」因緣，只要無可改變，它就已是永恆了。

何謂流年貴人？

流年貴人顧名思義就是該年的貴人，過了這一年，貴人磁場即煙消雲散。自己流年（當年）的歲數之合數與對方的「處境」數之合數相同，反之亦然者稱之。

例如，甲之處境爲30畫（合數爲3），乙之流年（當年）歲數只要是12歲（1＋2＝3）、21歲（ 2＋1＝3）、30歲（3＋0＝3）、39歲（3＋9＝12；1＋2＝3）、48歲、57歲……，均有「流年貴人」之正能量磁場。

在流年貴人中，產生正能量最強者爲處境數與流年歲數相同者，如前述甲之處境爲30畫，而乙爲30歲稱之；其餘者次之。

歲數以虛歲（實足歲數＋1）爲主，其計算方法如下：

生日的前5個月起至生日後的8個月止，此13個月*期間為流年貴人期間。

舉例說明如右圖。

＊5、8、13為河洛．費氏數中的轉折數，參閱附錄1說明。

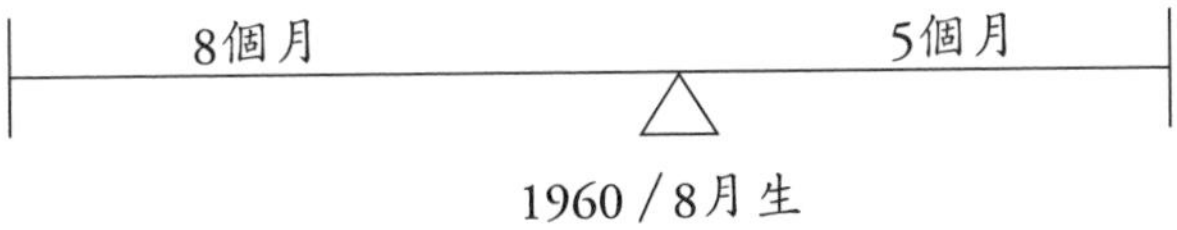

例如，1960年8月生，其虛歲30歲之流年貴人期間爲1989/3～1990/4。
其算法：1960＋29＝1989；8月－5月＝3月；8月＋8月＝16月（次年4月）。

忘年之戀

案例 楊振寧vs.翁帆

楊振寧與李政道共同提出了「宇稱不守恆理論」，獲得了1957年諾貝爾物理學獎，爲最早的華人諾貝爾獎得主。

1995年楊振寧攜同妻子杜致禮（楊振寧的亡妻，2003年10月去世）到汕頭大學參加國際物理學大會，翁帆被分派爲負責楊振寧夫婦的接待工作，當時翁帆（ 1976年7月生）的流年歲數爲20歲，與楊振寧的「處境」數38畫（合數爲2）相合，楊振寧當時極爲賞識翁帆，並曾說：「那是一個只有上帝才會做的安排。」

2004年2月，翁帆因想在畢業前寫有關楊振寧學術報告方面英語翻譯的論文，於是發了一封E-mail給楊振寧，尋求楊振寧的幫助。正是這封E-mail，使兩個天各一方的人在之後幾個月逐漸有了更密切聯繫，並進而相交、相戀、相愛、互定終生於2004年12月24日終成眷屬，當時翁29歲，再次與楊振寧的「處境」數38畫（合數爲2）相合， 兩次的邂逅都是「流年貴人」巧扮紅娘做媒。

1			1		
		環境14（1＋13）			環境11（1＋10）
13	楊		10	翁	
		心境24（13＋11）			心境16（10＋6）
11	振		6	帆	
		情境25（11＋14）			情境7（6＋1）
14	寧		1		

處境 38（2）（13＋11＋14）　　處境16（10＋6）

磁場解說與互動

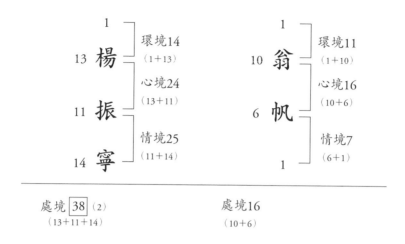

翁帆1976年7月生，兩人兩次接觸的時間均在「流年貴人」期間。第一次翁帆虛歲20歲（合數爲2）的「流年貴人」期間爲1995年2月～1996年3月止。第二次翁帆虛歲29歲（合數爲2）的「流年貴人」期間爲2004年2月～2005年3月止。

讀者不知是否發覺兩人除了「流年貴人」外，尙有其他足以維繫這相差54歲「老夫少妻」的正能量磁場呢？因爲結合可靠「流年貴人」的磁場，但婚後的維繫與經營如此大的歲數差異，則須靠更多的正能量方能融洽相處，患難與共。

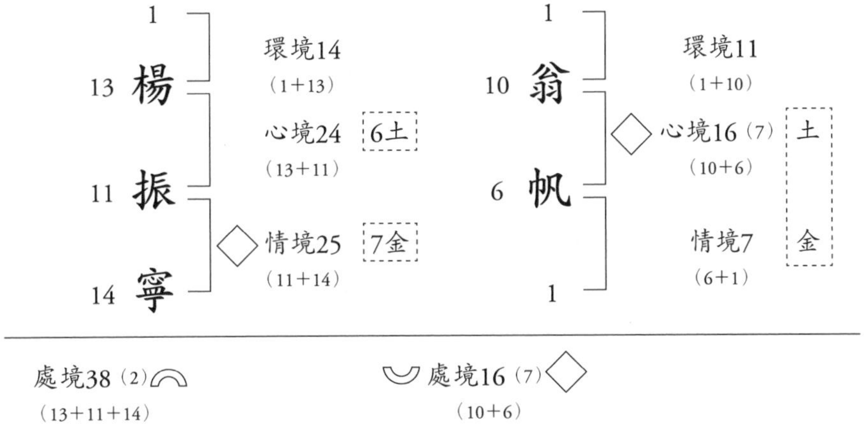

◇◇：表示心情、情處合一；楊之情境合數分別相同於翁的心境與處境合數。

◡⌒：表示處境天合；兩人處境合數分別爲2、7合於南。

┆┆：表示移情配；楊的潛境五行相同於翁的實境五行。

楊振寧與翁帆的忘年之戀因爲擁有天合、地合與人配之三位一體的強大能量，以及流年貴人的撮合，將彼此的心緊緊的拴繫在一起，年齡變成了不是問題、思想則沒有了距離，夫唱婦隨、恩愛有終則屬必然的。

楊振寧的潛境爲「土生金」，表示在潛意識中對擁有「土生金」個性的人都很欣賞，在他一生擁有的兩個女人都具有「土生金」的個性：已過世妻子杜致禮的實境爲單組合的「土生金」，其他的「配」與「合」與翁帆完全相同，更令人驚訝的是，兩人在年輕時的相似度竟達95%。

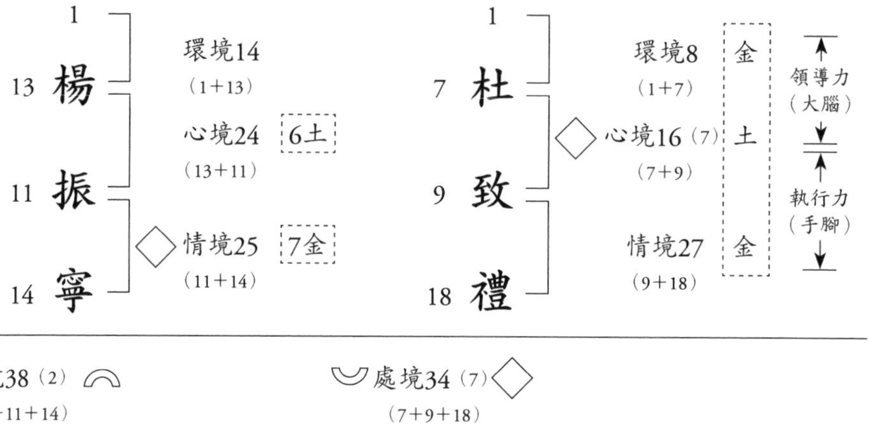

◇◇：表示心情、情處合一

◡◠：表示處境天合（2、7合於南）

⬚⬚：表示移情配

（註：杜致禮的實境領導力與執行力均爲「土生金」，稱單組合。）

灰姑娘傳奇：仙「舞」奇緣

案例 郭台銘vs. 曾馨瑩

台灣富豪郭台銘於2007年2月照例舉辦鴻海科技集團年度尾牙，此次不同的是，尾牙的壓軸節目是由郭台銘親自表演一段探戈（Tango）舞蹈，舞伴則是當紅藝人林志玲，舞蹈教練則是曾馨瑩。因緣際會促成這現代版的灰姑娘傳奇。

1			1		
		環境16（1＋15）			環境13（1＋12）
15	郭		12	曾	
		心境20（15＋5）			心境32（12＋20）
5	台		20	馨	
		情境19（5＋14）			情境35（20＋15）
14	銘		15	瑩	

處境 34（15＋5＋14）　　處境47（12＋20＋15）

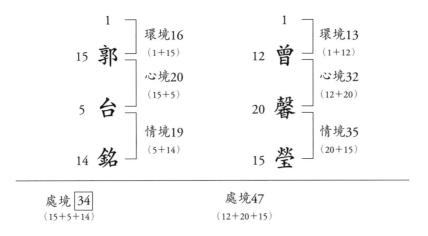

曾馨瑩1974年11月生，2007年時值虛歲34歲，相合於郭台銘的處境數34畫，此種磁場在「流年貴人」中爲最強者，就曾女而言，一生只有一次34歲能相合於郭台銘的處境數。

最強的「流年貴人」提供了最強的正能量，同時也創造了「千里姻緣一線牽」及關鍵性抉擇的優勢，將這短暫的「剎那」變爲永恆。

在此期間，郭董與林志玲、劉嘉玲、鄺美雲及畫家陳香吟等人交往甚密，其後郭董也「間接」證實了與幾位名女人的緋聞。他說：「自己曾經思考過要選擇電影明星、畫畫的、唱歌的，或跳舞的。」*最後曾馨瑩雀屏中選。曾馨瑩很明顯是郭董所說「跳舞的」，雖強敵環伺，但都不敵曾女「流年貴人」當值的威力。

＊資料來源：http://www.ettoday.net/news/20111215/12764.htm#ixzz2sFB57YUZ。

愛情長跑終成眷屬

案例 梁朝偉vs.劉嘉玲

梁朝偉（1962年6月27日生），香港演員，獲得香港電影金像獎和台灣電影金馬獎最佳男主角最多的人，至今共得過18次影帝殊榮。在華人地區及亞洲地區是深具影響力的實力派演員。

劉嘉玲（1965年12月8日生），香港演員，曾獲得香港電影金像獎及金雞百花獎的影后，以及法國南特三大洲電影節的最佳女主角。

梁朝偉與劉嘉玲愛情長跑達20餘年之久。2006年底由張清芳介紹郭台銘與梁朝偉及劉嘉玲認識後，郭董隨即展開猛烈追求攻勢。此段郭劉戀情也是2007年港台兩地最轟動的緋聞，他倆曾一起到海南島度假、牽手出席慈善活動，私人飛機溫馨接送、十指緊扣出席公開場合等。

2007年郭台銘接受《壹週刊》專訪時，曾大方表示他對劉嘉玲「是認眞的」，並表現出對劉嘉玲的喜愛，同時公開擇偶五條件：「身體健康、年紀30歲以上、容貌美麗大方、個性要活潑樂觀開朗、能夠照顧他且懂得生活品味。」

但爲何郭台銘在2007年會如此喜愛劉嘉玲呢？又爲何劉嘉玲最終選擇舊愛，回到梁朝偉的懷抱呢？答案盡在流年貴人，如下圖：

筆畫	姓名	格局
1		環境16（1+15）
15	郭	心境20（15+5）
5	台	情境19（5+14）
14	銘	

處境 34（7）
（15+5+14）

筆畫	姓名	格局
1		環境16（1+15）
15	劉	心境29（15+14）
14	嘉	情境24（14+10）
10	玲	

處境 39（3）
（15+14+10）

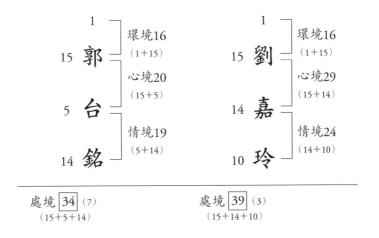

郭台銘1950年10月18日生，虛歲57歲的流年貴人期間爲2006年5月至2007年6月止。劉嘉玲1965年12月8日生，虛歲43歲的流年貴人期間爲2007年7月至2008年8月止。

2007年間，兩人均爲彼此的「流年貴人」；郭君57歲的合數爲3（5+7=12，1+2=3），相合於劉女的處境合數3（3+9=12，1+2=3）；劉女43歲的合數爲7（4+3），相合於郭君的處境合數7（3+4），彼此互爲對方的「流年貴人」，較爲少見，它所代表的是雙方都易處在激情中。

換言之，也就是「激情取代理智」，但流年貴人僅有13個月，待此貴人期間結束後，從絢爛激情中回歸於平淡理智時的抉擇才是最明智的，畢竟彼此都各自心有所屬。

再讓我們看一下爲何劉嘉玲最後仍選擇梁朝偉呢？

1			1		
		環境12（1+11）			環境16（1+15）
11	梁		15	劉	
		心境23（11+12）			心境29（15+14）
12	朝		14	嘉	
		情境23（12+11）			情境24（14+10）
11	偉		10	玲	

處境 34（7）（11+12+11）　　處境 39（3）（15+14+10）

梁朝偉與郭台銘的處境數均爲34畫，此數是一重要的河洛・費氏數，同時也是一個重要的轉折數。而劉嘉玲虛歲43歲的流年貴人磁場相合於郭台銘，同時也相合於梁朝偉。

劉嘉玲於43歲時逢情境轉折，情境司掌愛情、親情與友情的維繫與變化，換言之，經由流年貴人磁場的巧妙安排及情境轉折的威脅，迫使梁朝偉與劉嘉玲的婚事移至檯面上，不結婚則兩散。

梁朝偉於2007年時值46歲，適逢一生的心境、情境大轉折，又於2008年47歲遇處境的費氏轉折（34＋13＝47，參閱附錄1），轉折即表示現況的改變；原先沒有的，轉折後變有，反之亦然。

所謂「舊愛猶勝新歡」，除了長達20餘年的愛情長跑基礎外，最重要的雙方有情境配（參閱情境配），在多重因素促成下，有情人終成眷屬，於2008年7月21日締結連理，斯時梁君47歲，劉女43歲。

扶搖直上步步高

案例1 蔣經國vs.馬英九

1981年，32歲的馬英九（1950年7月13日生）在父親馬鶴凌及錢復的推薦下，自美返國擔任蔣經國總統的英文秘書，自此展開令人稱羨的政治生涯，從總統英文秘書、中華民國總統府第一局副局長、國民黨中央黨部副秘書長、中華民國總統，一路走來，平步青雲，皆拜流年貴人所賜。

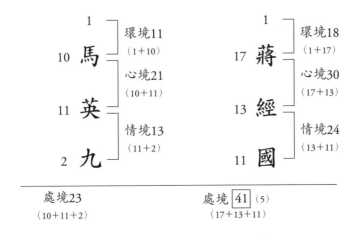

1		環境11（1＋10）
10	馬	心境21（10＋11）
11	英	情境13（11＋2）
2	九	

處境23（10＋11＋2）

1		環境18（1＋17）
17	蔣	心境30（17＋13）
13	經	情境24（13＋11）
11	國	

處境 41（5）（17＋13＋11）

馬君擔任總統英文秘書時值32歲，合數爲5與蔣經國先生的處境合數5相合，經國先生無疑地扮演了「流年貴人」的角色。其父對黨國忠貞不二，身家無慮，加之馬君之人品、學歷均爲上上之選，服務期間，表現優異。使馬君在返國後短短的三年就當上國民黨中央黨部副秘書長（負責政黨外交），升遷之快，無出其右。

案例2 蔣經國vs.李登輝

在情境貴人中已詳述李登輝生命中的第一個貴人沈宗瀚，接下來第二個貴人則是經國先生。因其具有共產黨身分，在經過情治單位兩次約談及拘禁下，有思想犯案底的李登輝何以如此受經國先生的重用，關鍵在時機也就是流年貴人。

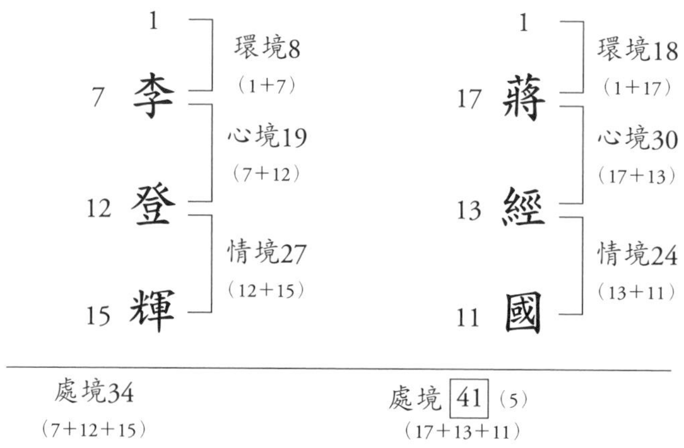

李登輝1923年1月23日生，1971年8月底沈宗瀚將其舉薦給經國先生，斯時李登輝虛歲50（流年貴人期限自1971年8月至1972年9月止），其年齡合數5相同於經國先生的處境合數。次年李登輝以政務委員入閣，成爲當時中華民國最年輕的閣員，年方50歲，至此展開扶搖直上的仕途。

第 9 章

警世篇

君者，舟也，庶人者，水也；
水則載舟，水則覆舟。

大過，棟橈，利有攸往，亨。

——《周易》序卦第二十八，澤風大過

大過是指過於剛強的動能，易使房屋大樑彎曲或折毀，但如能善加利用此動能，則亨通可期。「大過」來自於三方面：第一，領導人或經營者的矯枉過正之力，過於剛強，招致反彈、反目或反叛；或第二，太過縱容自己身邊的「親」與「信」，導致其後的自食惡果；或第三，無法察納雅言，集思廣益，只聽取與自己（在本書所言之）有「配」或有「合」的親信、幕僚、部屬、好友等的建言，使自己陷於狹隘的思維之中。

木被水淹沒（意喻船沉於水下），水的力量太大是爲「大過」。孔子對「大過」的診斷藥方是秉持中道，政策或處事要具有「風」的柔軟與速度，要用和悅的心去溝通與執行便可彌補大過的缺點。「大過」的好與壞差別極大，時機的掌握與拿捏極其重要，攸關事情的成敗與毀譽，上位者不可不察！

水能載舟，亦能覆舟

數千年前，我們的老祖先即已用五行生剋的方式告知我們任何事物都存在著相生、相剋的關係，生中帶剋，剋中含生，既相反又相成。以人類社會的上下關係爲例，上如舟船，下如水，水能載舟，是相生；水能覆舟，是相剋，是生中有剋。

乘水行舟若不翻船，就是深諳水性及知曉如何規避覆舟的情況發生，生剎間的分寸拿捏按不同層次的道理行事，就能順利抵達彼岸。

生中帶剋還醒示各階層的領袖或負責人：「你所提攜、拔擢或培養的各級幹部乃至你的接班人，有發揚光大你未竟之事的可能，也有取而代之或徹底毀掉你的可能。」當史達林興匆匆地選定赫魯雪夫做接班人時，可曾想到挖掘自己墳墓的人，正是自己欽定的赫魯雪夫。

毛澤東選定林彪做接班人，擬取而代之並預謀轟炸毛澤東專列的就是林彪。歷史殷鑑不遠，多少朝代都毀於帝王身邊的親與信。

最大的危險通常都不是來自外部，而是源自於內部，也就是你所賞識、信任、拔擢或栽培的人，是否真是如你所願地能貫徹你的志願的人！

	毛澤東	環境5 (1+4)
1		
4		
17		心境21 (3) ▽ (4+17)
8		情境25 (17+8)

	林彪	環境9 (1+8)
1		
8		
11		心境19 (8+11)
1		情境12 (3) △ (11+1)

處境29　　　　　　　　處境19
(4+17+8)　　　　　　　(8+11)

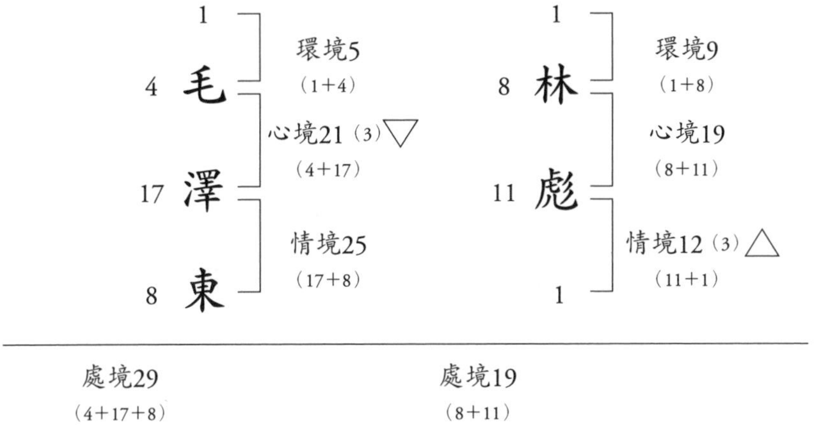

▽ △：表示心情合（毛的心境合數3相同於林的情境合數3）

林彪是在中國十大元帥中，極少數與毛澤東有地合之人，兩人之心意與情意相通自不在話下。林彪曾被選爲毛澤東的接班不二人選，並正式地寫入《中國共產黨章程》及《中華人民共和國憲法（1970年修正案）》。

但在第三次廬山會議後，他與江青等人發生權力鬥爭因而與毛澤東關係破裂，進而演變成「九一三事件」，林彪與妻子葉群、兒子林立果逃離中國，途中座機墜毀於蒙古境內，無人生還。

有貴人磁場的兩人，一旦由正能量轉爲負能量時，其傷害力遠遠大於無貴人磁場的數倍之多，這就是所謂「好時爲伴水載舟，壞時成絆水覆舟」的道理，讀者必須心有所惕。

成也蕭何，敗也蕭何

漢初三傑，張良、蕭何、韓信的傳奇甚多，最膾炙人口的莫過於「蕭何月下追韓信」。秦朝末年農民戰爭中，韓信仗劍投奔項梁，項梁兵敗後歸附項羽。韓信曾多次向項羽獻計，均未被採納，於是離開項羽投奔劉邦。

蕭何與韓信多次長談中，發現他是一個奇才，曾多次勸劉邦重用他，均遭拒絕。劉邦前往南鄭途中，韓信思量自己難以受到劉邦的重用，中途離去。

蕭何聽到韓信離開的消息十分焦急，來不及稟告劉邦就親自前往追回，此乃所謂「蕭何月下追韓信」。

時值劉邦欲收復關中之際，蕭何藉機再向劉邦推薦韓信，並稱如欲爭奪天下， 此爲不能缺少的大將之才。劉邦採納蕭何建議，七月，擇選吉日，齋戒，設壇場，拜韓信爲大將，此爲「成也蕭何」。此後韓信攻無不克，戰無不勝，最終設下十面埋伏，將不可一世的西楚霸王項羽挫敗於垓下，項羽敗至烏江自刎。

劉邦平定天下後，便對功高震主的韓信頗不放心，有人告韓信謀反，劉邦用計逮捕了韓信。後雖證據不足赦免，卻由楚王降爲淮陰侯。韓信由此也便開始怨恨劉邦，常稱病不朝。

後鉅鹿守將陳豨造反，韓信已事先與之達成默契，願做爲內應。劉邦親自率兵前去平叛，韓信借病不從，卻密謀襲擊呂后和太子。

但不幸事蹟敗露，呂后得知，欲想召韓信入宮，又怕他不肯就範，於是由蕭何出面假稱皇上已平定陳豨，讓群臣進宮拜賀，騙韓信入宮。韓信哪裡想到極力舉薦自己而且一向尊崇的蕭何會是殺害自己的主謀。結果韓信剛入宮門，便被武士捆綁，死於長樂宮。此爲「敗也蕭何」。

成敗爲何都是蕭何呢？

韓信爲一軍事奇才，文武雙全，無出其右者，有兵仙之稱。連西楚霸王項羽都被其四面楚歌、十面埋伏困於垓下，而自刎於烏江邊，但爲何遇到蕭何就沒轍了呢?! 請看下面的貴人磁場學分析。

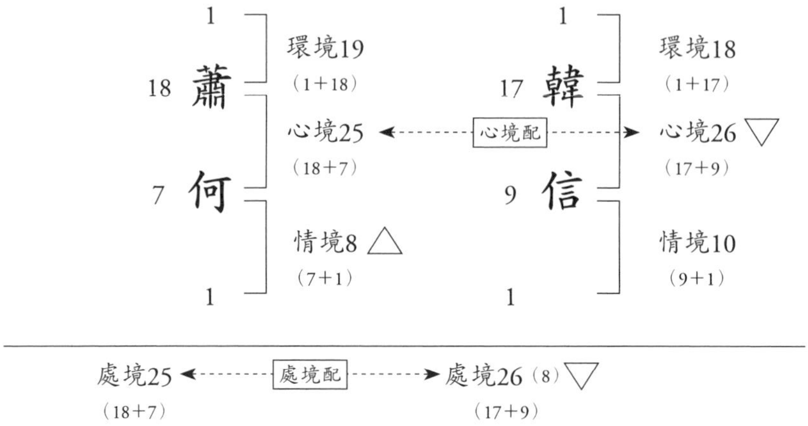

磁場解說與互動

1. 蕭何的心境25、處境數25相配於韓信的心境數26、處境數26形成「心境配」與「處境配」。
2. 蕭何的情境數8分別相同於韓信的心境合數8與處境合數8形成「心情、情處合一」。蕭何與韓信計有「配」與「合」的強烈貴人磁場，無怪乎蕭何惜才、愛才及近乎執著式的舉薦韓信，頗有生者父母，知韓信者唯蕭何也。但縱使歷史重演，韓信仍然不相信他最信任的蕭何會是害死他的人。

鑑往知來修心性

放下：放下曾經，雲淡風輕

上台靠機會，下台靠智慧；上台的身形、架勢重要，下台的背影更是重要。從絢爛歸於平淡需要「智慧」，安於平淡則需要「大智慧」。

長期處在掌聲與鎂光燈下的人，當燈熄，幕落，曲終人散的落寞心情，非一般人所能體會。迅速地調適則是智者所應具備的基本條件，也是易經在最後結尾的幾卦中如「渙」、「節」、「中孚」、「小過」所欲傳達圓滿人生在夕陽時所需要的智慧。

春、夏、秋、冬，一年的四個季節也正好是人生的四個階段，四時的循序漸進也循環不已，冬天過去，春天的來臨就不遠，而人卻在悲歡離合、生老病死中逐漸凋零。

常掛在人們嘴邊的是：「拾得起，放得下，看得開，想得遠。」在大自然中，春風吹綠了楊柳，它放下枯落的柳絲，重新萌芽，秋霜染紅了楓樹，它放下了枯葉，任其飄落在秋風中，而新生的楓葉又由青變紅，一歲一枯榮是自然界的定律，放得下才能活得更燦爛，拾得起才符合自然界循環的法則。但在人生的過程中，有誰能灑脫的把緊握在手中的貪求所得或曾經擁有的放下？

有智慧的人是懂得「放下」而非擁有，當你想擁有一切時，即是失去的開始。曾經叱吒風雲的人不就是因為「想再求」而苦嗎？若無求，苦從何來？曾經呼風喚雨的人不就是因為「想再要」而愁嗎？若無要，愁從何來？曾經權傾一時的人不就是因為「想再擁有」而敗嗎？若無再，敗從何來？

害己最深，為己最愛

2012年2月1日，被視爲薄熙來愛將與親信的王立軍欲複查「海伍德死亡案件」，招致薄熙來不滿，因而撤掉王立軍重慶市公安局長及黨委書記職務。次日，王立軍身邊司機、保鏢、秘書等多人招致非法審查及迫害。

因顧慮自身之安危，王立軍於同年2月6日暗自前往美國駐成都總領事館滯留並請求政治庇護（法院認定爲叛逃），稱之「王立軍事件」。此事件影響範圍很廣，最終導致薄熙來因受賄、貪污、濫用職權被判處無期徒刑。

濟南中院一審判決摘錄：

1999年至2012年，薄熙來利用職權直接或間接收取大連國際總經理唐肖林、大連實德集團董事長徐明給予財物，共計折合人民幣20,447,376.11元；其妻谷開來以故意殺人罪判處死刑，緩期二年執行，剝奪政治權利終身；王立軍以徇私枉法罪、叛逃罪、濫用職權罪、受賄罪等判處有期徒刑十五年。

因薄熙來與王立軍一同在遼寧省工作而結下淵源，2007年薄熙來自商務部調往重慶市出任市委書記，隔年即欽點王立軍空降山城掌管公安系統。因此日後王立軍的打黑掃黃，肅腐除貪，清惡霸，殺文強等令人咋舌的打黑成果，與薄熙來的提拔及大力支持是密不可分的。

本文不論及是非對錯，僅就貴人磁場學的負面能量——水能覆舟爲各位一一解說薄熙來、王立軍、谷開來之間的磁場互動！

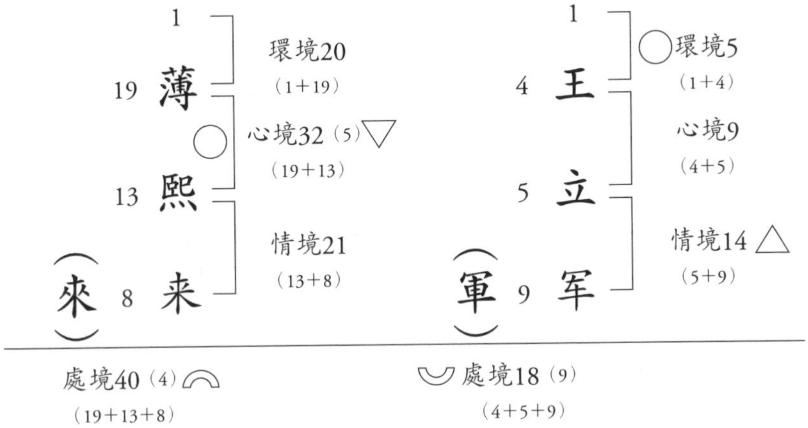

○ ○：表示環心合：王之環境數5相同於薄之心境合數5。

▽ △：表示心情合：薄之心境合數5相同於王之情境合數5。

◡ ◠：表示處境天合；雙方之處境合數分別爲4與9。

磁場解說與互動

薄與王有著天合與地合的磁場；好時爲「伴」是一對水漲船高的夥伴，加之「環心合」的催化作用，好到讓人欽羨；一旦交惡，則變爲「絆」，纏絆至終，解之不易。處境又爲4、9天合於西方秋收位，它意謂著好時共享秋收的豐碩成果；壞時秋後算帳或等待秋決。

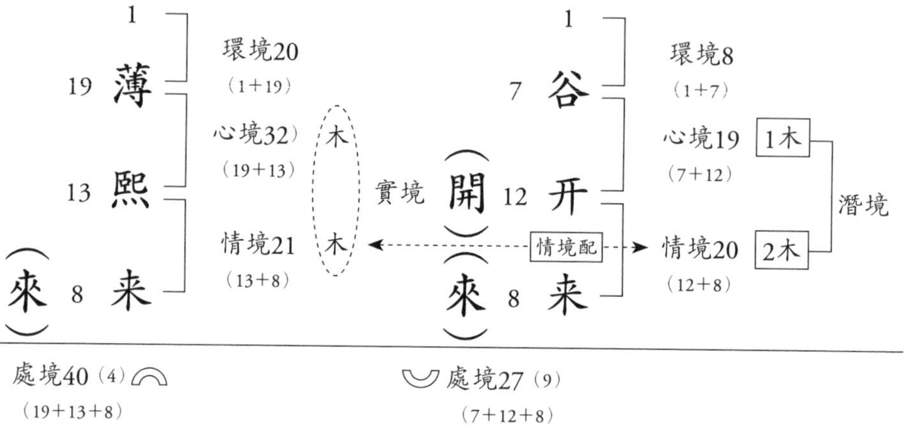

：表示處境天合；雙方之處境合數分別爲4與9。

：表示移情配；谷之潛境五行木木相同於薄之實境五行木木。

磁場解說與互動

谷開來是薄熙來的結髮之妻，兩人具有「移情配」、「處境天合」及「情境配」（當有天或地合任一者鞏固時20與21爲配）。移情配貴在交心，當心繫他方時，此移情配名存實亡；處境4、9天合於西方，秋收或秋決已昭然若揭。已無交心，又待秋決，此時的「情境配」則變爲「包袱」，顯得格外的累贅。

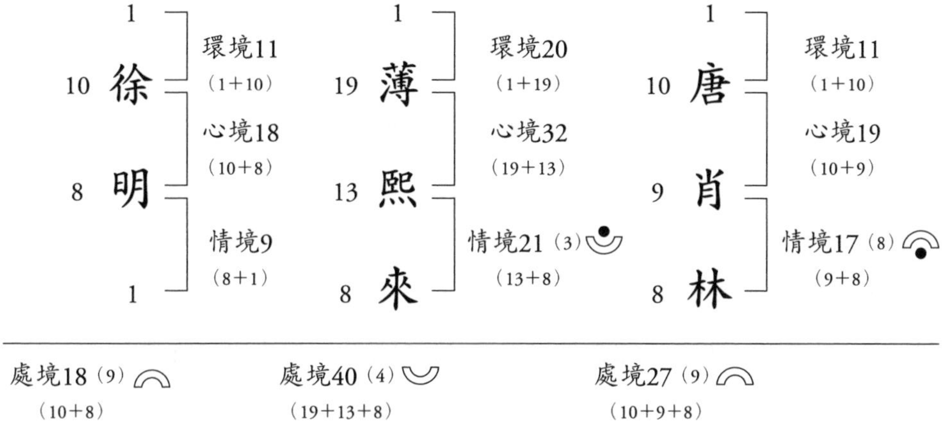

：表示情境天合；薄與唐之情境合數分別爲3與8天合於東方位。

：表示處境天合；薄與徐、薄與唐之處境合數均爲4與9，天合於西方位。

磁場解說與互動

依濟南中院的判決書可明顯地看出，因爲大連實德董事長徐明以及大連國際總經理唐肖林兩位的供詞，使薄熙來身陷囹圄。

徐明是薄熙來昔日政商同盟好友，唐肖林則是文革時期患難與共的工友同志，這兩位的處境都與薄熙來相合於西方位，形成了先秋收，後秋決的局面。

讀者有無發現，凡與此案有關的所有關係人與薄熙來都具有西方位的「處境天合」，眞是造化弄人啊！

活學活用

歷史上的恩怨情仇

人的磁場是誘導情緒變化的「因」，由「因」所產生的情緒反應或作爲是「果」。歷史上有太多事件超出常理，實無法以常情模擬或研判之。

如無法進入當時情境及導致彼此間情緒反應的始作俑者——磁場互動後所產生的變化，將無法一窺全貌。所謂成敗一念間，深入研究後磁場學，往往都是事件背後的擘畫者。

西安事變

發生於1936年12月12日，由東北軍領袖張學良（時任西北剿匪副總司令）與西北軍領袖楊虎城（時任國民革命軍第十七路總指揮），在西安發動了一場驚天動地、震驚中外的兵諫行動，軟禁了蔣中正（時任國民政府軍事委員會委員長和西北剿匪總司令）並殺害多位隨扈保安及中央機關人員。

其目的是強迫蔣中正接受「停止剿共、共同抗日」。軟禁期間，多次談判最終達成共識，在共赴國難的前提下，砲口一致對日，國、共兩黨終於實現了第二次的合作，此事變也徹底地改變了中國歷史。

西安事變的評價及論點在海峽兩岸間存在著很大的歧議，本文不談是非成敗，只就磁場學的角度剖析當時因彼此磁場的沖、合間所可能產生之情緒反應，因而做出適當與否的決定，導致往後彼此恩怨情仇的糾結。

眾所周知，張學良在西安事變中起了決定性的作用，如果沒有他，也就沒西安事變，所以張學良爲西安事變的核心人物兼第一男主角當之無愧。楊虎城則爲第二男主角；周恩來爲最佳男配角；宋美齡爲第一女主角；宋子文情義客串；編導爲毛澤東；特別來賓，而搏命演出者蔣中正是也。

　　話說九一八事件後，東北三省淪陷，張學良背負著「不抵抗將軍」罵名，此時一心只想雪恥的張學良有著強烈抗日的決心，但結果事與願違。1935年9月20日受蔣中正的委派到西北「剿共」，並任命爲西北剿匪副總司令。

　　由於剿共連連失利，加之全國人民抗日熱情高漲及中共種種的抗日宣傳與行動等，致使後來面對共產黨的停戰對峙，導致蔣介石親自前往西安坐鎮督戰，至此一場驚天動地的西安事變隨即拉開了序幕。

　　然而，何以張學良停止剿共？與中共的策反（以民族情操爲主、曉以大義爲輔）有關嗎？讓我們用貴人磁場學解開張學良、周恩來與毛澤東三角磁場的能量互動。

$$
\begin{array}{ll}
1 & \\
& 環境12 \\
11\quad 張 & (1+11) \\
& \bigtriangledown 心境27\,(9)\;\bigcirc \\
& (11+16) \\
16\quad 學 & \\
& 情境23 \\
7\quad 良 & (16+7)
\end{array}
\qquad
\begin{array}{ll}
1 & \\
& 環境9\;\bigcirc \\
8\quad 周 & (1+8) \\
& 心境18 \\
& (8+10) \\
10\quad 恩 & \\
& 情境18\,(9)\;\bigtriangleup \\
8\quad 來 & (10+8)
\end{array}
$$

處境34　　　　　　　　　處境26
（11+16+7）　　　　　　（8+10+8）

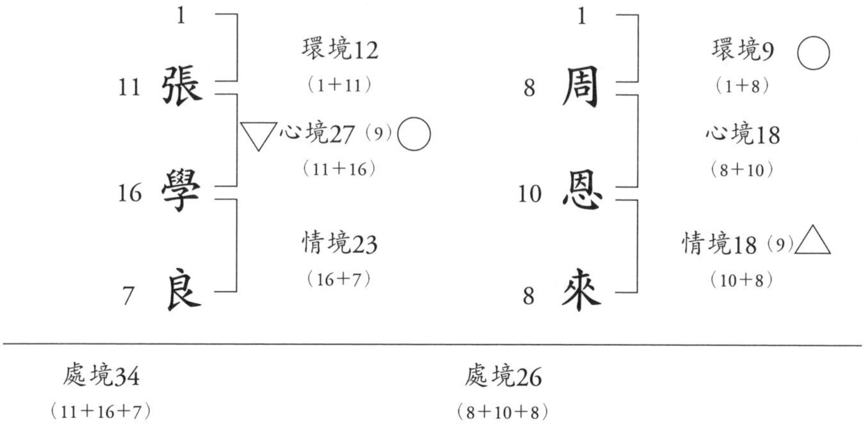

▽ △：表示心情合；張心境合數9相同於周的情境合數9。

○ ○：表示環心合；周環境數9相同於張心境合數9。

1936年4月9日張學良與周恩來在延安初次秘密會晤，謀求攜手抗日共同救國的途徑和辦法，兩人一見如故、披肝瀝膽地暢談。5月12日夜，兩人再行召開第二次延安密談。西安事變期間，應張學良之邀，周恩來於12月17日飛抵西安，住在張學良公館裡，與張學良、楊虎城共商和平解決此事變的種種事宜，兩人朝夕相處八天（直至張學良陪蔣中正飛往南京爲止），此後，張學良即被長期軟禁，終身未再與周恩來見過面。

張學良在被軟禁55年、獲得自由後曾說：「周恩來先生，我非常佩服……，儘管我們是初次見面，卻一見如故、情投意合……。（他的）反應很快，了解事情也很深刻，說話一針見血，而且對事情看得很清。」

「千古功臣」是中共及周恩來對張學良的高度評價，在軟禁期間，周恩來曾四處奔走設法營救，同時不遺餘力地呼籲釋放張學良，此爲眾人皆知的事。有諸多已解密之史實證實，縱使周恩來在彌留垂死之際，依然惦記掛念著老友張學良，眞是思悠悠、念悠悠、彌留之際在心頭，這就是宿緣的最佳寫照。

這也就不難理解在最初的兩次密談，因雙方宿緣（心情合）的磨合後，由相識、相知到相惜，更加堅定了抗日決心。

加之「環心合」的催化加乘作用，再配合自己一心雪恥污名與當時民意抵禦外侮的種種情緒與氛圍下，在張學良無更佳之法說服蔣中正停止剿共、一致抗日的情況下，出此下策也是預料中的事。

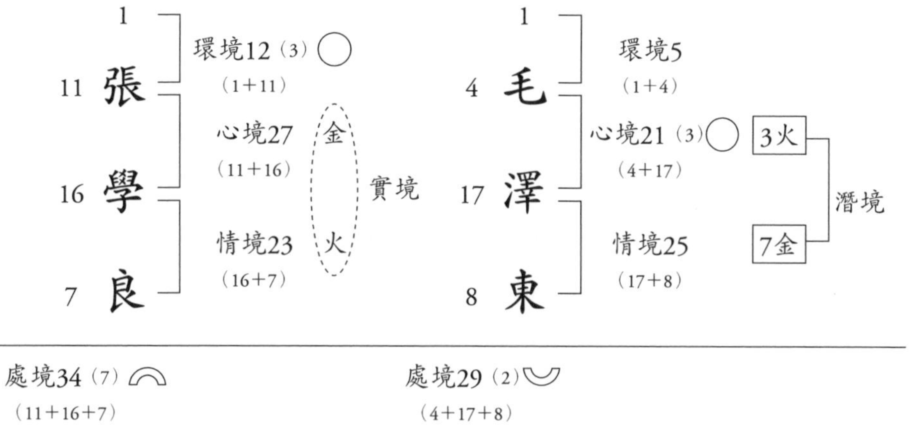

◡⌒：表示處境天合；張、毛兩人處境爲2、7合於南方。

○○：表示環心合；張之環境合數3相同於毛之心境合數3。

□ ( )：表示移情配；毛的潛境五行火剋金相同於張的實境五行火剋金稱之。

張學良與毛澤東未曾謀面，最初對毛澤東的景仰源於其好友美國記者埃德加・斯諾曾告訴張學良：「毛澤東絕不像蔣介石的中央社所宣傳的那麼猙獰可怕，他不是共匪，而是一個可以給中國帶來新希望的人！漢卿將軍，你最好也去陝北見一見毛澤東，他會告訴你如何早日殺回東北去爲你的老帥報仇！」

這句話說到了張學良的心坎裡，也正是由於斯諾的穿針引線，後來才有了張學良的陝北之行……，最終也改變了歷史。張與毛有「移情配」，毛想做的事有移情到張的身上，由張來執行。

雙方「處境天合」2、7合於南方，所代表的是一方提供了如水漲船高般源源不斷的能量。事實證明，中共確實因西安事變後國共合作而得以調養生息，奠定了往後康莊之路。天合爲先天之契合，它所代表的意涵是：未曾謀面心已交，或相識不語一點通。

西安事變中的主謀之爭

　　這場由張學良、楊虎城所發動的「西安事變」中，究竟誰是主導者？官大責任大，張學良一直承擔「犯上作亂」的主要責任。然而在1991年張之丙姊妹對張學良的訪問中提及主謀者時，張曾說：「西安事變就是楊虎城……，那可以說他是主角，不過名義是我，我是主角了，當然由我負責任。」我們可由貴人磁場學來檢視張學良所說的是否正確，如下圖：

處境34　　　　　　　　　　　　　　　處境31
（11＋16＋7）　　　　　　　　　　　（13＋8＋10）

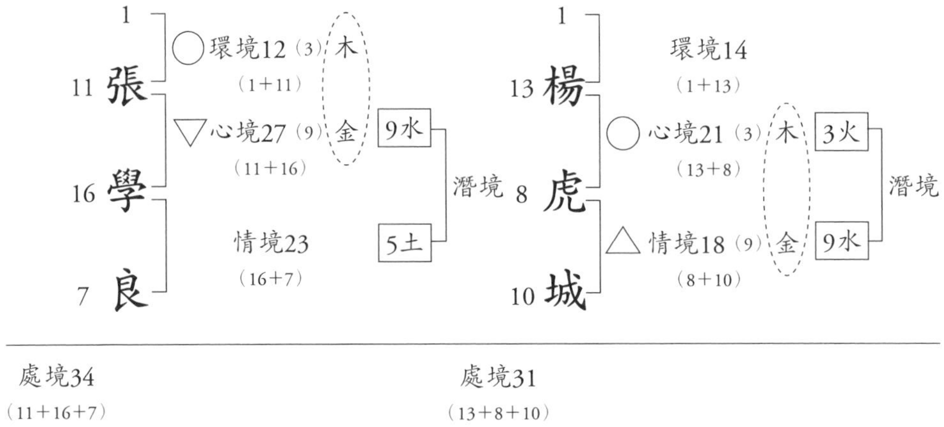

　　▽△：表示心情合；張之心境合數9相同於楊之情境合數9。

　　○○：表示環心合；張之環境合數3相同於楊之心境合數3。

　　⬭⬭：表示實境配；張的領導力與楊的執行力相同於金剋木稱之）。

磁場解說與互動

◆　金剋木的特質爲整頓、修改，張的領導力爲金剋木，代表有心想爲；而楊的執行力爲金剋木代表言行如一的作爲。

◆　潛境代表一個人潛藏在內心深處的一種性格，或關鍵時刻的反應與舉措，潛境五行爲「土剋水」，代表關鍵時喜以和爲貴；潛境五行爲「水剋火」，代表關鍵時喜硬幹到底、玉石俱焚也在所不惜。由以上的潛境可明顯看出張與楊在個性上的迥異，也不難想像張學良說法的正確性。

張與楊具有「心情合」，經過一定的磨合，由相識到相知後，此宿緣的功能在「環心合」的催化下急速發酵，加之雙方的「實境配」一方提出想法，另一方會毫不考慮的附和。在官大責任大情況下，張也無法推諉卸責。但就磁場學的角度分析，可一窺主謀者的全貌。

張、楊衝突實不和，恩來充作魯仲連

此外，蔣中正在《西安半月記》曾記載，12月24日夜，「聞楊虎城堅決不主張送余回京，與張爭幾決裂」。在張學良《西安事變反省錄》中也曾述及：「在送蔣離陝問題，與楊虎城發生歧見，言語急躁，幾乎同楊決裂。楊認爲張是受了宋美齡、宋子文、端納情感誘惑，有反初衷，況且與宋家私交甚篤，和平私了不成問題，自己則不肯做斷頭將軍，執意一定要幹到底。」

張、楊激烈衝突之際，周恩來在場，爲緩和這劍拔弩張的氣氛，周勸雙方先行休息片刻，其後在周恩來說服下，楊虎城同意接受蔣中正的口頭保證下釋放蔣。關於這點，張學良回憶說：「他們的這一番爭論，經周恩來一說之下，即爲平息。」

楊虎城爲何敢做「挾天子以令諸侯」的行動，並且在自知絕對可能做斷頭將軍的情況下，竟然將自身安危置之度外，選擇聽從周恩來的勸說呢？

西北軍首領楊虎城爲人處事小心謹慎、精打細算，圓融有謀，其部屬很多人與中共早有聯繫，而楊保持不表態、不反對的作法，並非楊想投靠中共，只是出於軍閥的本能，想利用蔣與中共的矛盾達到自己的目的。

但在攸關自己的存亡上，若非與周恩來有著「心情合」之宿緣磁場，實在不易打動並改變楊虎城心中的執著。

1				
13	楊	環境14（1+13）	8	周
8	虎	心境21（13+8）	10	恩
10	城	情境18（8+10）△	8	來

楊虎城：
- 環境14（1+13）
- 心境21（13+8）
- 情境18（8+10）△
- 處境31（13+8+10）

周恩來：
- 環境9（1+8）
- 心境18（8+10）▽
- 情境18（10+8）
- 處境26（8+10+8）

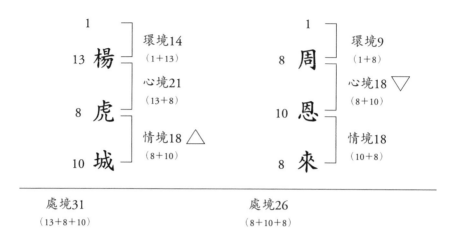

△▽：表示心情合；周心境數18相同於楊之情境數18，爲數字相同，強度之最。

愛恨半世紀

1924年黃埔軍校成立，蔣中正爲校長，任命周恩來爲政治教官到最後的政治部主任，期間周所展露的兼容並蓄、柔中帶剛、機智善辯、才華洋溢而不驕，無人不曉，成爲當時年輕輩中的佼佼者。

蔣對周之拉攏使爲己用，不遺餘力，得之不到時，也曾重金懸賞緝拿，但始終想拉卻拉不到、想殺又殺不成，這既愛且怕又恨的微妙關係展開了半世紀的糾葛。

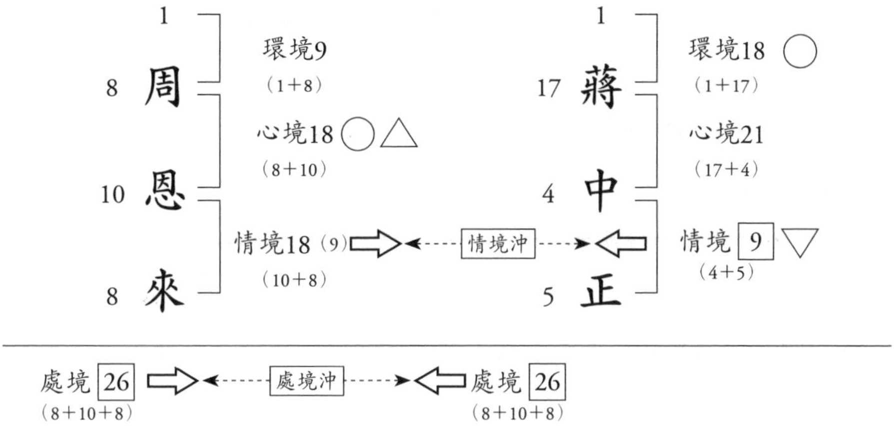

⇨⇦：表示沖；同一境位數字或合數相同者稱之。

○ ○：環心合；蔣之環境數相同於周之心境數。

△▽：表示心情合；周之心境合數相同於蔣之情境合數。

合久必分（沖散）、分久必合（沖和），這是「沖」的精髓。蔣中正與周恩來近半世紀的糾葛，來自於雙方的「情境沖」與「處境沖」所形成的眞「沖」及「心情合」的愛恨糾結，加之「環心合」的加乘攪局，使蔣與周的分與合極具戲劇化。

蔣中正爲何殺楊虎城不殺張學良？

西安事變事後，張學良主動送蔣中正回到南京，抵達南京後，不久即以軍法判處有期徒刑10年，褫奪公權5年。之後蔣中正旋即以自身安全未能預作防範引以自咎，提請國民政府特赦張學良並交由「軍事委員會嚴加管束」。張學良並未服刑，而是被長期軟禁。

楊虎城則被迫前往歐美考察，藉機免去其軍政職務。七七盧溝橋事變後，楊虎城多次致電中央要求回國參加抗日戰爭均遭拒絕。1937年11月底，楊虎城由法國回到香港，準備參加抗日工作，隨後卻被誘至南昌軟禁。

　　在此以後的12年中，楊虎城一直被監禁，先後關押於湘、黔、川等地。1949年9月國民黨兵敗潰逃至台灣時，楊虎城於四川重慶戴公祠慘遭殺害，毀屍滅跡。

　　為何同樣都是兵諫叛變的主角，際遇卻如此大不同？今就磁場學的互動加以說明。

　　對蔣中正而言，不論在情感淵源、歷史背景等因素下，張、楊兩人截然不同，當然也會導致兩人際遇的迥異。

處境34（7）　　　　　　　處境 26　　　　　　　處境31
（11+16+7）　　　　　（8+10+8）　　　　　（13+8+10）

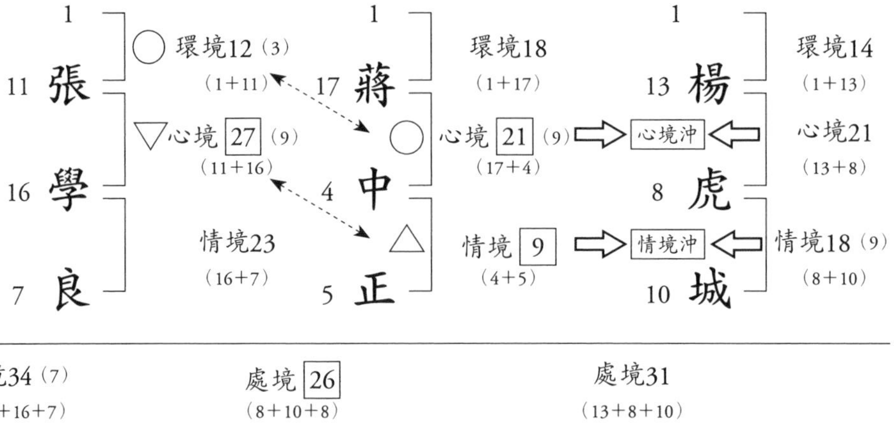

　　　　⇨⇦：表示沖；同一境位、數字或合數相同者稱之。
　　　　▽△：表示心情合；張心境合數9同於蔣情境合數9。
　　　　○○：表示環心合；張環境合數同於蔣心境合數。

就磁場互動而言，符合「沖」的條件，除數字或合數相同外，最重要是在三境（心境、情境、處境）中任有兩境爲沖，方爲眞「沖」。楊與蔣俱備「沖」的條件是「沖和」或「沖散」，依各執何種君臣之禮，顯然兵諫是走向「沖散」之路，當無疑問。而沖散的最壞結果就是：「如鯁在喉，芒刺在背，必欲除之而後快。」

反觀張學良與蔣中正，則彼此具有宿緣的「心情合」與「環心合」，加之宋氏兄妹的抵死保護，張學良的死罪可免，活罪難逃。

宋子文、宋美齡兄妹兩人爲何力保張學良？

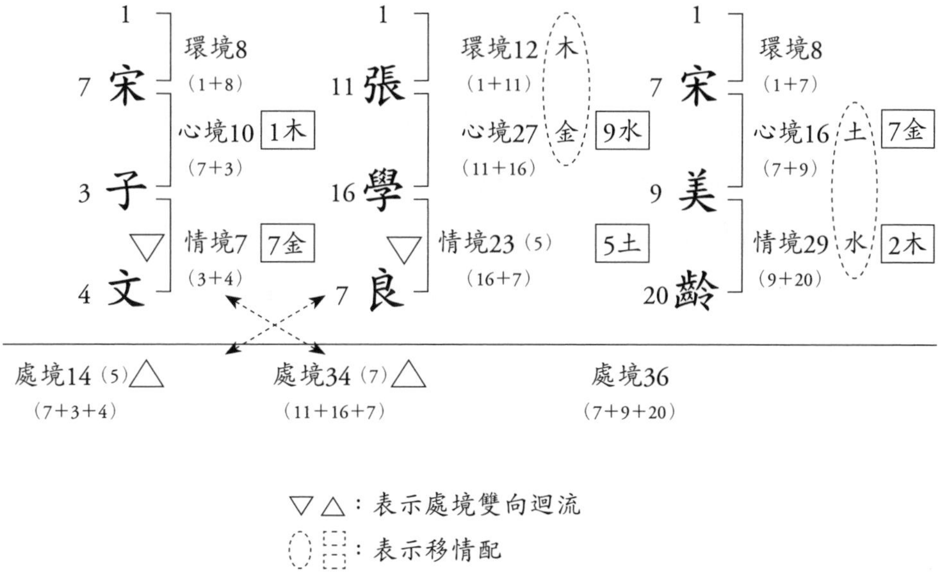

張學良與宋子文交情一向甚篤，且兩人具有「處境雙向迴流」及「移情配」。由陸續公布的史料得知，在西安事變之前，張、宋兩家原擬結爲兒女親家，後因事變而作罷。宋子文和蔣介石會分道揚鑣的原因複雜，其中一個重要因素就是不滿蔣介石出爾反爾幽禁張學良。

至於張學良與宋美齡則爲彼此的「移情配」，簡單的說就是互爲知己；相互理解、認同與支持，矢志不移，終身好友。就如張學良曾說：「西安事變後我沒死，關鍵是蔣夫人幫我。我認爲蔣夫人是我的知己，蔣夫人對我這個人很了解，她說西安事變，他（張學良）不要金錢，也不要地盤，他要什麼，他要的是犧牲。蔣先生原本是要槍斃我的，這個情形，我原先也不知道，但我後來看到一份文件，是美國的駐華公使Johnson寫的，他寫道，宋（指宋美齡）對蔣先生說，『如果你對那個小傢伙（即張學良）有不利的地方，我立刻離開台灣，還要把你的事情全都公布出去。』」

由磁場學配合史料，可一窺當時及事後宋家兄妹如何地盡力保護張學良的安危。反觀，楊虎城則沒有如此幸運了。

事實上，西安事變中仍有多位次重要之人物與主事者之磁場存在著沖與合，本文無法一一贅述。讀者或研究歷史者可依《貴人磁場學》之方法一一探討，將會有更大的發現。在這剪不斷、理還亂的千絲萬縷中，仍可看出當事人受磁場的作俑下所產生的作爲。

陰陽與貴人、小人的關聯

老子曰：「禍兮福之所倚，福兮禍之所伏。」而貴人與小人又似福禍般地相互倚伏，在一定的條件下，兩者只有一線之隔，為一體兩面，萬物皆在循環中，參透福禍倚伏，貴人與小人盡在陰陽之間。

陰陽是中國先賢大智慧的結晶，它代表宇宙萬物兩種既相反又相成的組合，兩兩對應既相生又相剋，既相沖又相和，即《老子》所謂「萬物負陰而抱陽，沖氣以為和」；《易傳》所謂「一陰一陽之謂道」。

陰陽具有四大要素，陰陽對立、陰陽轉化、陰陽消長、陰陽互根（相互依存、互為根本）。陰極則陽生，陽極則陰生、陽在陰不息，陰在陽不離；孤陰不生，獨陽不長；無陽則陰無以生，無陰則陽無以化，故天地配之以陰陽。今就以陰與陽解說貴人與小人間的變化，如圖9-1所示。

能深曉貴人與小人之互動關係與正確運用者，在人生的旅途中定能趨吉避凶，逢凶化吉。貴人與小人本為一體兩面，如同太極中的陰與陽，陰為小人、傷害力；陽為貴人、幫助力。下頁圖中，大白中含小黑，其意涵為在擁有源源不斷貴人幫助的環境下，仍然存著傷害力，此傷害力來自於心中的依賴，一旦此依賴感隨著貴人助力日漸增長，當有突發狀況或意外事件發生時，若處理不當，就有可能將態勢變為嚴峻，進而翻轉到對面的大黑處（大傷害力），此時原本造就你養成如此重之依賴感的貴人則成為你的小人。

圖9-1 貴人、小人一線隔

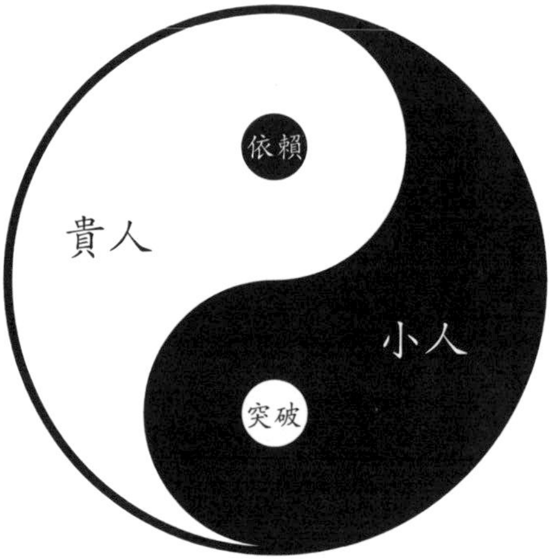

「大白」區域代表大陽，表示「貴人給予的大助力」；另一半爲「大黑」區域代表大陰，表示「小人所賦予的大傷害力」；小白點爲小陽，爲「傷害至極所產生的突破動能」；小黑點爲小陰，表示「過度依賴貴人所產生的傷害力」；大白與大黑之「分隔線S」爲一翻轉符號。

反之亦然，傷害你最深的小人（包含敵人、仇人），反而提供了你一條想活就要拚，背水一戰的動能，它往往都是反敗爲勝的關鍵力。奮鬥成功後，則翻轉到對面的大白處（大助力）此時原本傷你最深者反而提供了你成功的原動力，此小人當然是你的貴人無疑。

所以，努力必須靠自己，成功靠貴人，但成就往往則須靠小人（敵人、仇人）。

貴人助力多一點，貴人變小人

40年前，筆者曾讀過一篇文章，至今記憶猶新，文中述及一名男子在其幼年時，每每犯錯如偷竊、強劫、鬥毆等，均因其母之溺愛以私了一一化解。養成該男童不知天高地厚，為所欲為。

隨著時間漸長，其所犯之罪行，變本加厲，最終以殺人罪判處死刑，刑前母至獄中探視，兒要求死前，再吸吮母乳一次，母親隨即將乳頭置於兒子口中，一聲慘叫，只見母親的乳頭被兒子硬生生的咬斷。

「 幼時你未將我哺育好，以致我不分善惡，為所欲為，今咬斷乳頭，望母親能以此警惕，弟妹勿重蹈覆轍 」 只見兒子口中念念有詞。這就是貴人助力多一點，貴人成小人的最佳詮釋。

母親為人生第一個貴人無疑，但很多家庭的教育，成也母親、敗也母親；同理在人生的旅途中，也有不少的貴人出現於長輩、長官中，同儕、朋友、同學中等，但須謹記的是貴人與小人僅有一線之隔。

俗話說得好：「師父領進門，修行看個人」，領進門的是師父（貴人），如果往後事事都要靠師父張羅、打點，其結果是這修行必定失敗，在愛之足以害之的情形下，師父反而成為徒弟的小人。

為何富不過三代?!

為何世界上百年企業極少，為何中國人常說富不過三代？簡單說就是「貴人助力多一點，貴人成小人」的緣故，分析如下:

第一代：蓽路藍縷、胼手胝足、披荊斬棘的開創事業。

第二代：雖然創業惟艱，但守成更是不易，在戰戰兢兢的環境中，力圖發揚光大，更是困難。

第三代：打從含著金湯匙出娘胎起，就茶來張口，飯來伸手，坐臥金山，寵愛呵護備至，人心隔肚皮，江湖凶險一概不知，試問如何能再傳到第四代？

小人傷害多一點，小人變貴人

有頭狼被村民追至絕處，掉入一陷阱中，村民怕其事後逃脫，商量後一致決議將陷阱填平以便活埋此狼。村民們人手一把鏟子，開始將泥土剷進陷阱中，當這匹狼了解到自己的處境時，驚恐、無助，狼嚎之聲極爲悽慘。

村民們得意的繼續工作，當狼出現在他們面前，眾人驚訝之餘時，狼迅速逃離。是什麼讓狼能從絕境中脫困！ 答案就是欲致牠於死的泥土。當剷進陷阱裡的泥土落在狼的背部時，由最先的驚嚇躲避到最終的將此傷害力轉爲助力；那即是將打在身上的泥土抖落在一旁，然後站到剷進的泥土堆上面！ 就這樣，狼便很快地藉由不斷增高的土堆升到陷阱口處。

人生難免會失意不順遂或遭遇種種困難與挫折，如何將傷害力的泥土轉爲上升的墊腳石這才是最重要的課題。

看似要活埋舉動，實際上卻是助力，當身處困境時沉著面對，積極進取，你會發覺助力往往就潛藏在困境中，就如同太極中的大陰處存在著小白點一樣。

結語

感謝您花了許多寶貴的時間研讀此書，相信此刻您對貴人磁場學已有所認知。書寫本書的主要目的是希望提供讀者一條眞正截彎取直，且能通往成功之路，避免在這人生苦短中，無謂地虛擲時光。

貴的古字爲「𧵊」，「臾＋貝」；貝爲幣值或價値；臾有兩種解釋，一爲片刻、短暫，二爲捆綁拖曳。所以「貴」人之短暫與否，或如何將片刻化爲恆久，則在於「把握」與「經營」；先把握住那稍縱即逝的機遇，然後靠經營來維繫之，爲「貴」字精神所在。

書中所述的「配」，爲天干的「己」與地支的「酉」組合而成，強調「天地協調，陰陽互補」；而「合」爲「人一口」的組合，則著重「兄弟同心，齊力斷金」。所以當算出自己與貴人間的磁場屬性後，可依書中相關單元操作。

「流年貴人」，雖是短暫，但如善加掌握，剎那即是永恆。

警世篇中的水能載舟、亦能覆舟；成也蕭何、敗也蕭何；貴人、小人一線隔爲貴人磁場學的精華。善於察納雅言，集思廣義，知人善用，且知分辨讒言與諫言者，善之善者也。

最後，在把握與經營貴人關係時，除了本書所述的方法外，創造自己被利用的價値是十分重要的，相互的施與受是維繫與經營此關係不可或缺的重要因素，願與讀者共勉之。

附錄 1

影響運勢的神奇數字

有三種存在於大自然中的神奇數列，它深深影響著所有生物的生老病死之循環，人的運勢自然包含其中。分述如下。

費氏數列與黃金切割率

黃金切割率又稱「黃金律」，是存在自然界數千年之久的一種和諧之美或稱和諧比例，上自天體運行，下至生物繁衍，均與黃金律的數字有相當大的關係。在視覺、聽覺種種的感覺美中，其實都是黃金律，只知爲美的標準但無法量化。

直至西元前4世紀，古希臘歐多克索斯爲第一個有系統研究黃金律的數學家，同時將比例原則做理論性的陳述，到西元前6世紀古希臘的畢達哥拉斯學派所研究的「正五邊形」和「正十邊形」作圖，其實已確切地掌握了黃金分割。直至西元13世紀，經由「費氏數列」[1]才得以有完整的理論基礎加以證明。

「費氏數列」源自李奧那多的著作《算經》一書中提出有關兔子的繁殖問題。該問題爲：某人養了一對剛出生的兔子，假設兔子自兩個月大起每對每月可生一對兔子，若兔子均未死亡，試問12個月後有多少對兔子？答案爲12個月後有233對。

1 李奧那多・費波那契（Leonardo Fibonacci）為中世紀最傑出的數學家。後經研究證實該數列應用於許多領域如建築學、美學、植物學、物理學、商品價格交易之波幅等。它更適用於人生的起伏轉折或公司行號甚至於國家的崛起與興衰。

其試算過程爲：

1、1、2、3、5、8、13、21、34、55、89、144、233。此試算過程所形成的數字組合稱之費氏數列（Fibonacci Sequence Number）。

除第一位與第二位之比（1/1）爲1，第二位與第三位之比（1/2）爲0.5外，其餘相鄰兩數之比，即2/3、3/5、5/8、8/13、13/21、21/34……的近似值約爲0.618，故可得以下的結論：

◆ 任何一費氏數列的數字等於前兩個數字之和。

◆ 任何一個費氏數列的數字與其下一個數字之比值近似 0.618。

◆ 任何一個費氏數列的數字與其間隔一位的數字之比值近似 0.382。

由以上得知，黃金比例爲0.618與0.382。

以自然界現象爲例，向日葵花頭種子排列形成89條曲線，其中55條同方向，34條另一方向；較大的向日葵的螺線數目則爲「89 及 144」，更大的甚至還有「144 及 233」；大部分雛菊的螺線數目則是「21 及34」，亦有些品種雛菊的螺線數目是「13 及 21」，大部分的葉子、花瓣、萼片、小花等均在費氏數列中；鋼琴以每組13鍵來表現完美的八音，其中8白鍵、5黑鍵等等。

黃金律既然爲和諧比例，當比例失去和諧，則較易發生結構性的轉變，猶如人體平均溫度約37度，人體舒適溫度爲23度，爲一和諧溫度比，當環境溫度驟降數度，人體未適時添衣禦寒，則較易導致風寒，致使生理失調，近而誘發其他的併發症，萬物皆如此，人之流年運勢亦復如此。

河圖與洛書

《繫辭》云：「河出圖，洛出書，聖人則之。」河圖與洛書這兩幅神秘圖案（如下圖）深深影響我中華文化的發展，不論在哲學、政治學、軍事學、倫理學、美學、文學諸領域均產生了深遠影響。

河圖上，東、南、西、北方的黑點和白點的數列蘊藏著無窮的奧秘；洛書上，縱、橫、斜三條線之相等的總和及其圖中數字所隱含的密碼，使中外學者前仆後繼的探索與研究，有「宇宙魔方」的美譽，認為這是中華民族老祖先們智慧的結晶。

河圖

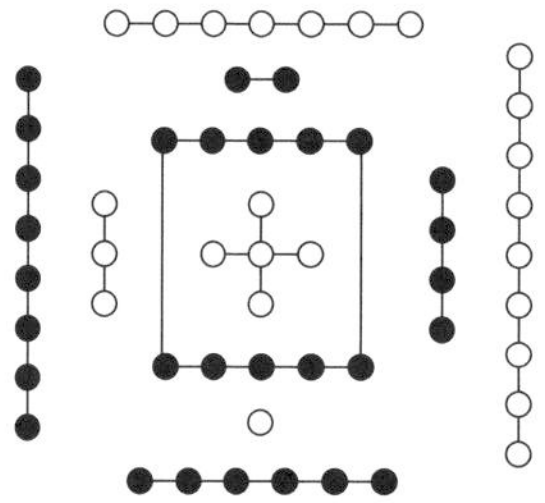

洛書

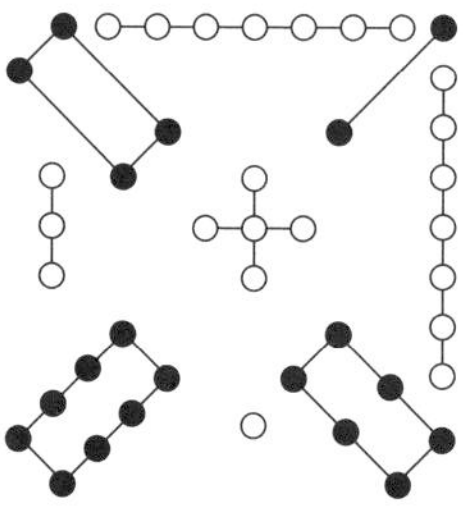

孔子在《易經・繫辭傳》中說到：「天垂象，見吉凶，聖人象之；河出圖，洛出書，聖人則之。」在黃河出現背上有圖形的龍馬，在洛水出現背上有圖形的神龜，聖賢之人依其製作出八卦。

孔子一向排斥怪力亂神之說，但對「河圖」、「洛書」則研究至深，並參透其間的數理邏輯，故其自喻：「五十而知天命、六十而耳順、七十從心所欲不踰矩。」

河圖之數

河圖共有10個數，1、2、3、4、5、6、7、8、9、10，其中1、3、5、7、9爲陽，2、4、6、8、10爲陰。陽數相加爲25，陰數相加得30，陰陽相加共爲55數。

所以古人說：「天地之數五十有五。」即天地之數爲55。貴人磁場之天合即爲河圖之數，讀者可自行參閱，在此不多加贅述。

易學前輩黎凱旋老師依河圖之數列繪出的河圖奇偶螺旋圖與河圖卍字方陣圖，如圖10-1所示，代表宇宙磁場的能量運行與均衡的狀態。

如將圖中縱向數字相加可得21，爲南北之間的子午數；將圖中橫向數字相加可得29，爲東西之間的卯酉數。

圖10-1 河圖能量均衡圖

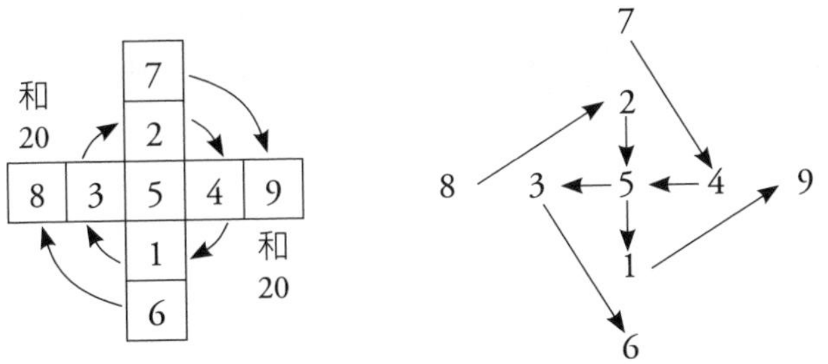

河圖奇偶螺旋

2＋4＋6＋8＝20

1＋3＋7＋9＝20

3＋8＋2＋7＝20

4＋9＋1＋6＝20

河圖卍字方陣

8＋2＋5＋1＋9＝25

7＋4＋5＋3＋6＝25

洛書之數

洛書共有9個數爲1、2、3、4、5、6、7、8、9，其中2、4、6、8爲隅位，1、3、5、7、9爲正位，分別代表北、東、中、西、南五個位置。

洛書上，縱、橫、斜線之總和均各爲15。洛書數所代表的方位及時節如圖10-2所示。正位、隅位及中位所代表的力量則如表10-1。

圖10-2 洛書方位、時節圖

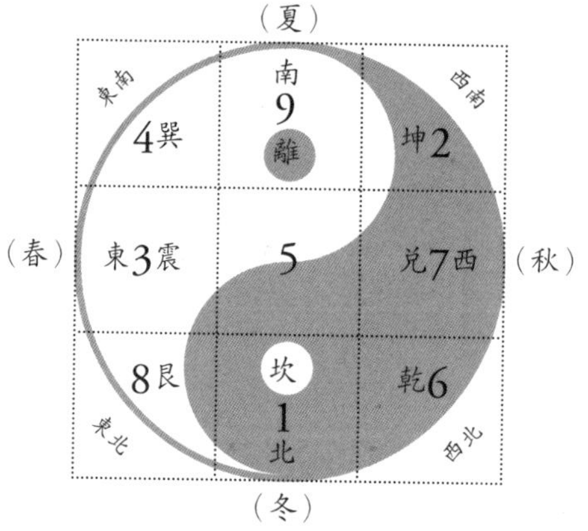

洛書數	方位	時節
1	北	冬季
2	西南	夏末秋初
3	東	春季
4	東南	春末夏初
5	中宮	四季
6	西北	秋末冬初
7	西	秋季
8	東北	冬末春初
9	南	夏季

表10-1 洛書正位、隅位與中位的力量

8	東北位，冬末春初，萬物始於此，為生存而鬥（暗鬥），為一突破位，其意涵之「力」為突破力、開創力、潛力。相合數有17、26、35、44、53、62、71、80、89……。除8外，最具突破力的數字為26、89，開創力為17，潛力為35。
3	東位，時值春分，物競天擇後的贏者全拿，為一明爭位，其所意涵之「力」為競爭力、爭奪力、攻擊力。相合數有12、21、30、39、48、57、66、75、84……。除3外，最具爭奪力為39、攻擊力為21，競爭力為12。
4	東南位，春末夏初，百家爭鳴、百花齊放，為一凸顯位，其所意涵之「力」為吸引力、凸顯力、魅力。相合數有13、22、31、40、49、58、67、76、85……。除4外最具凸顯力的數字為13，魅力為22，吸引力為31。
9	南位，時值夏至，酷熱至極，如日正當中，普照群方之勢，為一放射位，其所意涵之「力」為放射力、爆發力。相合數有18、27、36、45、54、63、72、81、90……。除9外， 最具放射力的數字為18、27，爆發力為63。
2	西南位，夏末秋初，老陽轉少陰、陽消而陰長，為一轉換位，其所意涵之「力」為隨和力、觀察力、轉折力。相合數有11、20、29、38、47、56、65、74、83……。除2外，最具隨和力之數為11，觀察力為20，轉折力為29。
7	西位，時值秋分，陽火轉陰火適得其位、躬逢其盛，苦盡甘來豐收時，為一秋收位，其所意涵之「力」為回收力、承襲力。其相合數有16、25、34、43、52、61、70、79……。除7外，最具秋收力之數為16、34，52承襲力為25、34。
6	西北位，秋末冬初，落葉時節，農事俱了，秋決時分，頗有秋風秋雨愁煞人之勢，為一凋零位，但又為農事收成後的收藏入庫或交易後的盈利，為一獲利位。其所意涵之「力」為動盪力、儲蓄力。其相合數有15、24、33、42、51、60、69、78、87……。除6外，最具動盪力為33、51、69；最具儲蓄力為15、24。
1	北位，時值冬至，嚴寒至極，萬物怯於寒而龜縮，為一權威位，其所意涵之「力」為權力、毅力、意志力，其相合數有10、19、28、37、46、55、64、73、82、91……。除1外，最具權力之數為19、55，毅力28，意志力為37。
5	中位，四季交融之處，龍蛇混雜，氣難聚，聚之散之，散之又聚之，為一多變位，但其居中位，掌握中心樞紐故其所意涵之「力」為核心（競爭）力、離心力、凝聚力。其相合數有14、23、32、41、50、59、68、77、86……。除5外，最具核心（競爭）力之數為23，離心力為59、68凝聚力為41、50。

轉折力

簡單的說，轉折力就是轉彎的地方或當行至水窮處時，有一種驅使你改變原有方向的動能稱爲轉折力。人生有很多機會也有很多轉折，端視你如何把握與運用。

接下來將費氏數列、河圖、洛書三者有關轉折力的數字結合如下：

一、費氏數列的每一數字均蘊含著轉折力

1、1、2、3、5、8、13、21、34、55、89、144、233……

二、河圖（僅針對轉折數為主）

16、21、27、29、38、49、55

三、洛書（僅針對轉折數為主）

3、5、8、13、21、29、34、55、63、68、89

- 河圖、洛書、費氏數列三者有重疊兩次以上者，計有3、5、8、13、21、29、34、55、89，費氏數列與河圖、洛書數在轉折數字方面有諸多的相合之處。
- 前項之數列應計以回宮復位數，以13爲例，第一次回宮復位爲13（13×1）……，第四次回宮復位爲52（ 13×4）；21的第三次回宮復位爲63（21×3）；29的第二次回宮復位爲58（29×2）……以此類推，凡回宮復位均有轉折之意涵。
- 僅就河圖、洛書及費氏數列三者重疊數値及相關回宮復位數値簡稱爲「河洛 · 費氏數」
- 使用在流年時，年齡的計算方法與流年貴人同，請自行參閱。

河洛・費氏數之使用

以中華民國為例

中華民國處境（總筆畫數）爲34（河洛・費氏數），1912年生（建國）；中國國民黨1894年生（創立），如下表所列：

西元	大紀事	河洛・費氏數	備註欄
1924	國民黨通過聯俄容共	民國13年	
1932	一二八事變，偽滿洲國成立	民國21年	
1945	抗日戰爭勝利，台灣光復	民國34年	中華民國第一次回宮復位
1949	國民黨撤退台灣（1894～1949）	國民黨55歲	
	國民黨北伐成功，國民政府統一全國(1928～1949)	國民黨實控大陸21年	斯時中共成立29年[1]
1977	台美斷交	民國68年[2]	中華民國第二次回宮復位
1990	李登輝正式當選第八屆總統[3]	68歲	
2000	改朝換黨由民進黨陳呂執政	民國89年，國民黨在台執政55年	陳水扁處境29畫水扁（情境）13畫
	李登輝實際執政（含暫代總統缺）（1988/1/13～2000/5/20）	13年	
2008	國民黨重返榮耀，馬蕭當選	國民黨8年生聚，馬英九58歲當選，陳水扁58歲判刑收押[4]	馬英九處境23畫馬英（心境）21畫英九（情境）13畫[5]

1 中國共產黨處境數52畫，成立於1921年7月1日，於1949年逢四大轉折如下：
- 中國國民黨55歲，為一河洛．費氏數，及洛書所闡述的權力轉折數。
- 中國國民黨實際掌控大陸21年（1928年北伐成功，全國統一），21數為河圖子午數、費氏轉折數、洛書的東方位為物競天擇，贏者全拿的明爭位。
- 又中國國民黨處境數51畫，其相合數為6 （5+1），於洛書之凋零位，凋零位逢明爭又遇權力轉折，其處境倍感艱辛。
- 中國共產黨處境數52，其相合數為7 （5+2），於洛書之秋收位，又逢創黨29年（河洛．費氏數的轉折數），而掌舵者毛澤東處境數亦為29畫，躬逢其盛，天時、地利、人和均已到位，不變也難，其結果不言可喻。當然尚有蔣介石與毛澤東在命格上的生、剋、沖、和，以及運勢優劣，在此不作贅述，將另闢它篇再行闡述。

2 民國68年為中華民國處境數34（費氏轉折數）的第二次回宮復位，與美斷交。

3 李登輝處境數34（河洛．費氏數），凡姓名有河洛．費氏數者，一生較具戲劇性的轉折或起伏，至於好壞與否，如同水能載舟亦能覆舟，端視環境、態度及五行其他組合而定。分析如下：
- 李登輝處境數34的二次回宮復位為68歲（河洛．費氏數），斯時當選第八屆中華民國總統；8為費氏轉折數、河圖3與8的東方明爭位及洛書的冬末春初位，萬物始於此，尤如植物幼苗在地底下為爭取「出頭發芽」所需的養分而自相殘殺，為生存而鬥（暗鬥），犧牲者均成為養分以供發芽者生長之。後於宋楚瑜（處境數亦34）等人之力挺，排除萬難，由布衣將相正式登上天子大位。
- 李登輝實際執政（含副總統代理總統） 13年。
- 2011年6月遭最高檢察署特偵組依貪污治罪條例、洗錢防制法起訴時值89歲（費氏轉折數及洛書突破位）。

4 陳水扁處境數29畫（河洛．費氏數）情境數13，均為轉折數，於50歲時於四個重大轉折處藉勢而上，四個重大轉折如下:
- 民國89年，「國運」時逢費氏轉折數及河圖洛書的突破轉折數 （轉折 +突破），最易「異數」崛起。
- 民國89年，又逢中國國民黨在台執政55年，此數55為一河洛．費氏數，及洛書所闡述的權力轉折（移交）數。
- 李氏王朝實際控制台灣整13年（1988.1.13 ～ 2000.5.20），為一河洛．費氏數，加之其「身在統營，心在獨」的罣礙，使國民黨再執政添加了無窮的變數。
- 民國89年，陳水扁時值50歲，為21（洛書的爭權位、費氏轉折數）+29（陳君處境數）；50之數在洛書為凝聚力，天時、地利、人和，加之民進黨萬衆一心的凝聚力，使不可能變為可能。陳君處境數29，於第二次回宮復位58歲時判刑入監，真是天大、地大、人生轉折何其大。

5 馬英九處境數23，心境數21， 情境數13，心境與情境均為轉折數，人生的起伏亦具戲劇性的轉折。分析如下：
23劃在洛書居中位5 （2+3），其所表現的「力」為核心競爭力 （core competence），其意指擁有一種難以被複製或抄襲的「力」，馬正是如此，他的「模範生」形象、溫文儒雅的外表、循規蹈矩的行為、一絲不苟的態度、廉潔不貪的操守等，在在都是當前政壇之人無法抄襲與複製的。此種核心力加之自身努力致使馬君平步青雲。
由原本說了兩百多次不參選台北市長的馬英九，到高票當選及連任台北市長，挾著馬氏旋風的威力，使國民黨重返榮耀，再掌政權，以58.45% 及51.6% 分別當選第12、13屆中華民國總統。但2012年對馬君而言是一河洛．費氏數的轉折年，運勢流年亦逢轉折，但此處僅就河洛．費氏數的轉折說明即已足夠。
- 馬君 1950年生，63歲，為費氏轉折數21的第三次回宮復位，及洛書9 （6+3）的爆發力，爆發力分陽性與陰性爆發力，簡言之，陽性爆發力為隱惡揚善；陰性爆發力則相反，伐善揚惡，原先的優點都變成致命的缺點，原先的小瑕疵，遇此都會被渲染成大缺點，更不用說原先就有的缺點了。

◆ 2012年的油電雙漲、股票證所稅、經濟振興方案等都招致嚴厲抨擊。

◆ 2012/11/16知名的英國經濟學人雜誌（*The Economist*）以「笨蛋（bumbler: person who speaks in a faltering manner.or moves, acts, or proceeds clumsily. 應翻譯為笨拙之人較為貼切），馬英九」（Ma the bumbler）為題，批評台灣總統馬英九原被民眾寄予厚望，但執政五年來，民眾生活不見改善，薪資停滯、房價高漲、出口衰退，並以副標題中點出：「曾是萬人迷的馬英九，現在已經喪失光環」（The former heart-throb loses his shine）。馬的民調支持度創歷史新低、僅剩13%，全國似都同意：「馬先生是個沒用的笨蛋」（Mr. Ma is an ineffectual bumbler）。並遭網友戲稱「糟了！被國際認證了」（摘自《經濟學人》網頁及自由時報2012.11.17）

◆在轉折時發生「真」轉變，稱之同步，一旦同步現象發生則須變至下一轉折處，看能否再生（再轉變），下次轉折為2015年，馬君為65歲（13的第5次回宮復位），怕是亡羊補牢，為時已晚。

以西方為例

西元	大紀事	河洛．費氏數	備註欄
2011	突尼西亞因為警方取締攤販不慎，意外引爆有史以來最為嚴重的反政府示威史稱「茉莉花革命」[1]。	獨立後55年	1956獨立
	受茉莉花革命影響使阿拉伯世界多國發生社會動盪，埃及成為主角之一，運動導致執政30年的穆巴拉克總統黯然下台[2]。	獨立後89年	1922獨立
	受到茉莉花革命的影響利比亞出現反對格達費統治的示威遊行，並很快轉化為內戰[3]。	34年	執政後8年，於1977年改國號為利比亞阿拉伯人民社會主義群衆國
	奧薩馬・本・穆罕默德・本・阿瓦德・賓・拉登遭美國狙殺[4]。	55 歲	1957～2011
2008	美國投資銀行雷曼兄弟投資失利，申請破產保護，引發了全球金融海嘯。	233年	美國獨立1776年
2012	因葡萄牙、義大利、希臘、西班牙四國債務，導致歐元區空前危機。	13年	歐元區成立於1999/1/1

1 突尼西亞1956年3月20日獨立，正式改名為突尼西亞王國。後於1957年7月25日，共和國宣告成立。2011年1月14日突尼西亞當地因為警方取締攤販不慎，意外引爆有史以來最嚴重的抗爭示威行動，史稱茉莉花革命，民衆要求總統下台，在不敵民意的壓力情況下，總統扎英．阿畢丁．阿里將權利交給現任總理加奴希暫代職務，被迫結束多年強人統治。該國時值55年（權力＋轉折）。2011年1月17日突尼西亞新聯合政府宣布：將國家和政黨分離。（洛書的權威位又逢「真」轉折為權力的轉移）

2 埃及於1922年2月28日獨立，1953年6月18日廢除帝制，成立「埃及共和國」。1956年將蘇伊士運河收為國有（時值獨立後34年）。2011年，因茉莉花革命，致使阿拉伯世界多國發生社會動盪，「爭民主、反獨裁、反腐敗」的反政府示威，風起雲湧。埃及亦無法倖免於難，此一運動導致執政30年的穆巴拉克總統黯然下台。時值獨立後的89年

3 利比亞1969年8月31日，由格達費領導的自由軍官組織發動革命。格達費執政8年後，1977年3月2日，更名為阿拉伯利比亞人民社會主義群衆國，2011年2月初，受到埃及和突尼西亞茉莉花革命的影響，利比亞出現反對格達費統治的示威遊行，該反政府的抗爭很快即轉變為內戰，於2011年10月20日，格達費遭槍殺擊斃死亡，結束長達42年（ 34＋8）的執政，改國號後的34年。

4 美國頭號敵人，恐怖組織首領，奧薩馬．賓．拉登於2011年5月2日遭美國海軍海豹部隊第六分隊突襲擊斃，死時55歲 （權力轉折或移交年）

費氏數列應用於許多領域，如建築學、美學、植物學、物理學、商品價格交易之波幅等；而河圖及洛書中所隱含的數字密碼，亦深深影響我中華文化數千年的發展，範圍所及達各個領域。

「和諧比例、自然循環」是此三者的精髓所在。任何循環均有其時限性；日月星辰的更迭、四季的轉換、潮起潮落的漲跌……等，在在說明了「時限」的重要性，人生的運勢亦同，轉折所代表的是一種慣性改變的前兆，轉折後的結果不是變好，就是變壞，所以要掌握人生的趨勢，順勢而為，因勢利導，而秘訣盡在三者中。

附錄 2

康熙辭典筆畫一覽表

※本書係以康熙辭典繁體字之筆畫數為準；括弧內為簡體字用以對照繁體。

部首要以完整的字來計算，下列部首應特別注意

＊水部（氵）＝4畫，例如：江＝4＋3＝7畫

＊手部（扌）＝4畫，例如：振＝4＋7＝11畫

＊心部（忄）＝4畫，例如：怡＝4＋5＝9畫

＊犬部（犭）＝4畫，例如：猛＝4＋8＝12畫

＊王部（玉）＝5畫，例如：珍＝5＋5＝10畫

＊草部（艹）＝6畫，例如：芳＝6＋4＝10畫

＊肉部（月）＝6畫，例如：胡＝5＋6＝11畫

＊网部（罒）＝6畫，例如：羅＝6＋14＝20畫

＊辵部（辶）＝7畫，例如：道＝7＋9＝16畫

＊右邑部（阝）＝7畫，例如：鄧＝12＋7＝19畫

＊左阜部（阝）＝8畫，例如：陳＝8＋8＝16畫

一、姓之筆畫

二畫姓

丁、力、卜、匕

三畫姓

上、于、千、山、干

四畫姓

王、毛、孔、文、方、巴、戈、牛、仇、公、元、卞、井、尹、支、水、尤

五畫姓

田、石、包、史、左、丙、甘、丘、令、冉、古、平、母、申、白、皮、司、央、台

六畫姓

朱、安、年、曲、任、朴、戎、牟、百、米、羊、老、伍、伊、伏、匡、吉、同、向、后、仲、全、危

七畫姓

李、江、杜、宋、何、余、佘、佟、伯、兵、冷、初、利、岑、巫、池、甫、良、言、谷、辛、成、君、吳（吴）、呂（吕）、貝（贝）、車（车）

八畫姓

林、周、金、汪、沈、岳、孟、季、官、居、屈、卓、牧、狄、幸、易、杭、念、房、宗、宓、呼、武、和、祁、扶、孤、東（东）

九畫姓

柯、侯、俞、哈、姜、姚、宣、封、施、柏、柳、段、禹、秋、肖、紅、首、查、咸、招、柴、帥（帅）、紀（纪）、韋（韦）、風（风）

十畫姓

徐、唐、秦、高、翁、凌、夏、袁、宮、倪、洪、耿、奚、祖、花、祝、留、晏、席、家、宰、城、班、桂、晉、殷、恥（耻）、孫（孙）、馬（马）、貢（贡）、烏（乌）

十一畫姓

章、梁、曹、范、胡、戚、梅、崔、那、邢、商、寇、苗、尉、浦、涂、常、婪、乾、崖、康、畢（毕）、許（许）、張（张）、習（习）、麥（麦）、從（从）

十二畫姓

邵、曾、邱、彭、程、傅、喻、屠、焦、盛、童、粟、舒、荀、辜、阮、黑、景、富、堵、費（费）、賀（贺）、項（项）、閔（闵）、單（单）、喬（乔）、雲（云）、馮（冯）、黃（黄）

十三畫姓

詹、游、雍、雷、溫、莫、虞、楚、路、裘、解、廉、聖（圣）、莊（庄）、賈（贾）、農（农）、湯（汤）、楊（杨）

十四畫姓

廖、郎、管、裴、甄、臧、郝、翟、慈、溥、滕、熊、荊、連（连）、趙（赵）、聞（闻）、齊（齐）、郤（郄）、華（华）、壽（寿）、榮（荣）

十五畫姓

郭、董、魯、褚、樊、葛、黎、滿、樂（乐）、樓（楼）、劉（刘）、葉（叶）、閭（闾）、厲（厉）、鞏（巩）、歐（欧）、談（谈）、萬（万）

十六畫姓

潘、陶、霍、穆、蒯、蒲、蒙、衛、衞（卫）、陳（陈）、陸（陆）、鮑（鲍）、閻（阎）、駱（骆）、龍（龙）、賴（赖）、錢（钱）、諸（诸）、盧（卢）

十七畫姓

蔡、蔚、隆、隋、蔣（蒋）、謝（谢）、韓（韩）、鄒（邹）、鍾（锺）、陽（阳）、應（应）

十八畫姓

魏、戴、鄢、瞿、蕭（萧）、簡（简）、顏（颜）、聶（聂）、闕（阙）、豐

（丰）、儲（储）、叢（丛）、歸（归）

十九畫姓

薄、薛、鄭（郑）、譚（谭）、鄧（邓）、關（关）、龐（庞）、贊（赞）

二十畫姓

羅（罗）、嚴（严）、竇（窦）、藍（蓝）、鐘（钟）、闞（阚）、黨（党）、覺（党）、釋（释）

二十一畫姓

顧（顾）、饒（饶）

二十二畫姓

蘇（苏）、龔（龚）、權（权）、藺（蔺）、邊（边）、酈（邝）

二十三畫姓

蘭（兰）、戀（恋）

二十四畫姓

衢、隴（陇）

二、複姓畫數

上官11、公冶11、東方（东方）12、司空13、令狐14、西門（西门）14、公孫（公孙）14、司馬（司马）15、淳于15、司徒15、北堂16、聞人（闻人）16、宗政16、仲孫（仲孙）16、皇甫16、申屠17、長孫（长孙）18、夏侯19、南宮19、慕容25、軒轅（轩辕）27、赫連（赫连）28、尉遲（尉迟）30、諸葛（诸葛）31、澹臺（澹台）31、歐陽（欧阳）32、濮陽（濮阳）35、鍾離（锺离）36

三、名字常用字

一畫之部

一、乙

二畫之部

丁、七、乃、九、了、二、人、入、八、刀、力、十、卜、又、匕

三畫之部

三、上、下、丈、丸、久、也、于、凡、刃、勺、千、口、土、士、夕、大、女、子、寸、小、山、川、工、己、巾、干、弋、弓、才

四畫之部

不、中、丰、丹、之、予、云、井、亢、今、仁、介、仇、仍、元、允、內、

五、六、公、切、分、匀、化、匹、午、升、卞、及、友、反、壬、太、天、夫、孔、少、尤、尹、尺、屯、巴、幻、引、心、戈、戶、支、文、斗、斤、方、王、日、曰、月、木、止、比、毛、氏、水、火、父、片、牙、牛

五畫之部

丙、世、丕、且、丘、主、令、付、仕、仗、他、仔、代、仞、仙、以、仟、兄、冉、冊、冬、凹、凸、出、刊、加、功、包、北、半、卡、占、卯、去、司、古、右、召、另、只、台、句、史、四、外、央、失、孕、宁、尼、巨、巧、左、市、布、平、幼、弗、弘、必、戊、旦、未、末、本、札、正、母、民、永、玄、玉、瓜、瓦、甘、生、用、田、由、甲、申、白、皮、目、矛、矢、石、示、禾、穴、立、卉

六畫之部

多、夷、妃、好、如、妁、字、存、宇、守、宅、安、寺、屹、州、帆、年、式、戎、戍、戌、旬、旭、旨、曲、有、朽、朴、朱、朵、次、求、汀、汁、灰、牟、百、竹、米、羊、羽、老、考、耳、聿、臣、自、至、舌、舟、艮、色、血、行、衣、西、丞、亙、交、亥、亦、伉、伍、伊、仲、休、企、任、仰、份、全、光、兆、先、共、再、冰、列、划、匡、匠、印、吉、吏、同、名、各、向、后、合、因、回、圭、地、在、圳、充

七畫之部

宋、串、亨、位、住、余、佘、何、佢、伽、估、佐、佑、佛、佈、但、佃、伸、佣、似、伴、作、你、佟、伯、佔、兌、克、免、兵、冷、冶、初、利、

助、努、劭、匣、君、吾、告、呈、吞、含、吟、坊、坐、坍、均、壯、夾、妨、妤、妞、妙、妝、妗、邑、里、孛、孝、孚、完、宏、局、尾、岐、岑、巡、巫、希、序、廷、延、弄、弟、彤、彷、役、忘、志、忍、戒、成、我、托、改、攻、攸、更、杞、村、杜、李、材、杖、杏、束、杓、杉、步、汗、江、汞、池、汕、汐、汎、汝、灼、牡、甬、甫、町、男、甸、秀、私、究、系、良、角、言、谷、豆、赤、走、足、身、辛、辰、吳（吴）、車（车）、貝（贝）、見（见）、呂（吕）、佇（伫）

八畫之部

固、坪、坡、坦、坤、垂、奉、奈、奇、妹、妮、姑、姆、姐、妲、姒、始、姓、委、姍、孟、季、孤、宓、宗、定、宕、宜、官、宙、宛、尙、屆、居、屈、岷、岸、岬、岳、岱、帖、帕、帛、帑、幸、庚、店、府、弦、弧、往、彿、征、彼、快、忠、忽、念、或、房、所、抗、抒、承、扶、把、技、投、抑、折、扮、放、於、昉、旻、旺、昊、昔、昃、昌、昆、昫、明、昇、易、昂、服、朋、枋、杭、枕、杼、枝、林、果、杵、枚、析、板、枌、松、杰、欣、武、歧、汶、沈、沁、汪、沅、汲、決、沐、沙、沓、汨、沖、沃、沂、汾、炒、炎、爭、物、牧、狄、狂、狀、玕、玓、玖、的、盂、盱、直、知、矽、祀、社、祁、秉、秈、穹、空、竺、臥、臾、舍、芀、艾、虎、采、金、佳、雨、青、非、乖、享、京、佼、依、侍、佬、供、侑、侗、侃、侊、侏、佩、侈、佰、兔、具、典、函、券、制、劻、劼、卓、卷、叔、咖、周、和、咚、命、岩、政、東（东）、長（长）、亞（亚）、來（来）、門（门）、協（协）、岡（冈）、並（并）、侖（仑）、兒（儿）、兩（两）

九畫之部

亭、亮、信、俍、侷、侯、便、俑、俏、保、促、俊、俐、俄、係、兗、俞、胄、冒、冠、前、勃、勇、勉、匍、匽、南、厚、厘、咪、咨、咫、哉、咸、品、哈、囿、垠、垣、型、奕、契、奏、奎、奔、姜、姿、姚、姨、姮、威、姻、姝、姬、孩、宣、宧、室、宥、客、封、屋、屛、峒、巷、帝、度、弈、弭、彥、律、很、待、徊、徇、思、怡、扁、拉、拔、拓、招、拈、抱、拜、拍、故、施、昱、昶、春、是、昭、星、昂、柱、柿、枰、柴、柔、柄、柯、某、柑、柘、架、柬、查、柚、枳、柜、柵、柏、柳、柒、段、泮、沱、注、泳、泫、泌、泰、泯、泓、沫、法、沽、河、波、沼、況、油、泗、泛、治、泆、沿、泉、泊、炫、炬、炳、炯、炭、炮、炤、爰、牯、狗、狐、玟、玨、玩、玦、玥、玫、玠、畏、畇、界、癸、皇、盈、盅、盆、眈、眉、相、省、看、盾、盼、盻、矜、砂、研、祈、禺、禹、科、秋、秒、突、竿、音、籽、紃、缸、罔、罕、美、羿、耐、耑、耶、肚、肖、致、舢、芒、芋、芎、芃、芄、芊、芍、虹、衍、表、衫、食、首、香、恰、建、重、革、赴、赳、刺、帥（帅）、侶（侣）、則（则）、勁（劲）、紆（纡）、紀（纪）、紂（纣）、紅（红）、紉（纫）、約（约）、紈（纨）、訂（订）、計（计）、貞（贞）、軍（军）、軌（轨）、韋（韦）、頁（页）、風（风）、飛（飞）、郤（却）、奐（奂）

十畫之部

乘、倦、倌、倥、倓、倍、倞、俯、俸、倩、倔、倖、倯、値、倰、倚、俺、倘、俱、俳、倡、俶、倜、候、倬、修、倪、俾、兼、凌、凋、准、勍、厝、原、叟、唐、哺、哥、哲、哨、圃、埔、埂、城、埋、埕、埃、峰、夏、套、奘、奚、娑、娘、娣、娜、娓、娉、娟、娥、容、宰、宸、家、宵、宴、射、展、屑、屐、峪、崁、峭、峻、峰、峨、差、席、座、庭、弱、彧、徒、徐、恙、恣、恃、恭、恐、恢、恍、恫、恩、恂、恬、恪、息、恰、恕、扇、拳、按、拭、持、拯、拱、挑、括、拾、拿、指、效、旁、旅、晏、晃、晁、晌、朔、案、校、核、栔、根、桓、框、桂、栽、桔、栗、栖、栩、桑、桄、桐、桌、桃、桀、株、格、桁、栓、殊、殷、氧、洋、洲、津、酒、洪、流、洞、洄、洮、洙、洗、洵、活、洛、派、洽、烜、烤、烘、烈、烙、狩、珂、珈、玻、玷、珊、珀、玳、玲、珍、牲、畔、留、畛、疾、益、盍、盎、眩、眠、眛、眨、眙、眞、矩、砰、破、砲、祕、祠、祜、祐、祖、神、祝、秦、秤、秣、秬、租、秧、秩、秫、秘、窈、站、笆、笈、笑、笏、粉、紊、素、缺、羔、翅、翁、耆、耄、耘、耕、耽、耿、育、肥、肱、肯、股、肩、肴、臬、舀、航、舫、般、芳、芝、芯、芸、芫、芙、芾、芽、芭、芷、芮、芡、花、芹、芩、芬、芥、虔、蚊、蚓、蚌、袁、衵、衷、衲、衿、邕、配、酌、釜、起、躬、骨、高、豹、索、隼、者、衹（只）、訏（吁）、記（记）、訊（讯）、訖（讫）、託（托）、訓（训）、豈（岂）、貢（贡）、財（财）、軒（轩）、軔（轫）、迄（迄）、迅（迅）、釘（钉）、針（针）、釗（钊）、閃（闪）、隻（只）、馬（马）、鬥（斗）、孫（孙）、倉（仓）、 倀（伥）、倆（俩）、個（个）、倫（伦）、倕（倕）、凍（冻）、員（员）、娛（娱）、宮（宫）、島（岛）、師（师）、庫（库）、徑（径）、恆（恒）、時（时）、晉（晋）、書（书）、氣（气）、洶（汹）、烏（乌）、畝（亩）、紡（纺）、紋（纹）、紓（纾）紜（纭）、級（级）、紐（纽）、紘（纮）、紗（纱）、納（纳）、紙（纸）、純（纯）、紛（纷）、芻（刍）、蚤（蚤）、峽（峡）

十一畫之部

斌、乾、停、健、偏、假、偃、偌、偕、做、偈、偶、偲、偎、偋、兜、冕、凰、剪、副、勘、勒、匐、匙、匿、區、匾、商、唱、啡、售、唯、圈、培、堉、埭、域、基、埼、堂、堆、埠、埤、夠、婆、婉、婕、娶、婚、孰、密、寇、寅、寄、寂、宿、尉、崇、崆、崧、崖、崎、崔、崤、崟、巢、常、帷、康、庸、庶、庵、彗、彬、彫、彪、彩、徜、得、徙、徘、御、悅、悌、悟、悄、悍、悉、悔、悠、您、戚、扈、挪、捕、振、捍、挹、捌、捐、捉、挺、挽、救、敖、敏、教、斛、斜、旋、旌、族、晢、晨、晟、晚、晦、晞、曹、曼、朗、望、梁、梨、梯、梲、梓、桹、梳、桶、梧、梗、梵、梢、梐、桴、梭、梅、梃、欲、毫、海、浣、浴、浪、浯、浡、浦、涓、浙、消、浬、浥、涔、浮、浚、浩、浼、涎、烺、烹、焄、焐、焉、烽、爽、犁、狼、率、珓、班、珥、珙、珧、珠、珣、珞、珩、瓷、瓶、甜、畤、畦、略、痕、皎、盒、眷、眼、眺、硃、祥、票、祧、祭、秸、移、窕、章、竟、笠、第、笥、笛、笙、符、粒、紬、紫、終、紾、罣、羞、羚、翌、翊、翎、聊、聆、胖、胥、胡、胄、胃、背、胎、胞、舵、舷、舸、船、舶、舲、范、茅、茀、茉、苣、苦、若、苕、茄、茂、苗、英、苒、苔、苑、苞、苻、苜、茌、苓、蚵、蛋、被、袖、袍、袋、卿、返、迎、近、那、野、邦、邠、邢、雀、雪、雩、馗、鹿、麻、偉（伟）、側（侧）、偵（侦）、動（动）、務（务）、甌（甌）、參（参）、問（问）、啓（启）、國（国）、執（执）、堅（坚）、婦（妇）、婁（娄）、專（专）、將（将）、崗（岗）、崑（昆）、崢（峥）、崙（仑）、帳（帐）、帶（带）、張（张）、強（强）、徠（徕）、從（从）、敘（叙）、晝（昼）、桿（杆）、條（条）、涇（泾）、牽（牵）、產（产）、畢（毕）、異（异）、紵（纻）、絃（弦）、紺（绀）、紹（绍）、組（组）、細（细）、紳（绅）、習（习）、苧（苎）、處（处）、術（术）、袞（衮）、覓（觅）、訪（访）、規（规）、訣（诀）、許（许）、設（设）、責（责）、販（贩）、貫（贯）、貨（货）、軟（软）、釵（钗）、釣（钓）、釧（钏）、頂（顶）、魚（鱼）、鳥（鸟）、鹵（卤）、麥（麦）

十二畫之部

傑、傢、傍、傕、傅、傌、滄、剩、博、厥、善、喧、喜、喃、喵、喝、喻、堵、堪、堰、堡、堤、壹、婷、媚、媒、媛、婿、寒、富、寓、尊、就、屠、嵋、嵌、崴、嵇、巽、帽、庾、弼、彭、循、惋、悰、惇、情、惠、惑、惜、悲、措、掌、授、採、掬、推、捻、敦、敢、散、斑、斐、斯、普、景、晾、晴、晰、晶、智、晷、曾、替、最、朝、期、棣、棒、棫、棋、棻、惟、控、掠、探、捷、森、棼、植、棠、椒、椎、棉、棨、棕、欻、款、欹、淙、淀、涴、涪、淳、涼、淬、液、深、淡、清、淩、淇、淋、淅、淞、涵、涯、淼、淑、淟、淖、淘、添、淮、淄、淆、焙、焱、焚、焜、焯、然、焰、焦、牌、犀、猜、猛、琅、琉、球、琊、理、琇、琀、番、畯、疏、登、皖、皕、皓、盛、睎、短、矞、硫、硬、程、稀、窗、童、竣、筊、筆、等、策、答、粥、粟、絞、絜、絓、絪、絳、絮、翔、翕、耋、胭、能、胸、脂、舒、舜、茫、茨、茭、荒、莨、茜、茸、荔、荐、草、茵、茗、茱、荀、茯、茲、茹、荃、茶、蛙、街、裁、覃、象、貂、貳、超、越、趁、距、跑、辜、述、迢、迦、迪、郊、邯、邵、迨、邱、邸、酥、釉、量、鈤、防、阮、阪、阯、雅、集、雄、雁、雇、雩、雯、雱、黃、黍、黑、爲、粵、備（备）、傘（伞）、凱（凯）、創（创）、勝（胜）、勞（劳）、單（单）、喬（乔）、圍（围）、塲（场）、壺（壶）、媧（娲）、尋（寻）、勛（勋）、嵐（岚）、幀（帧）、幾（几）、廂（厢）、報（报）、堯（尧）、復（复）、棄（弃）、棲（栖）、楝（栋）、椏（桠）、棗（枣）、掛（挂）、棧（栈）、欽（钦）、淶（涞）、淺（浅）、淨（净）、淵（渊）、無（无）、爲（为）、現（现）、甯（宁）、畫（画）、發（发）、硯（砚）、筍（笋）、粧（妆）、結（结）、絕（绝）、絢（绚）、絡（络）、絲（丝）、脈（脉）、給（给）、統（统）、絨（绒）、眾（众）、虛（虚）、視（视）、註（注）、評（评）、詠（咏）、詞（词）、証（证）、詔（诏）、詒（诒）、訴（诉）、診（诊）、費（费）、賀（贺）、貴（贵）、貽（贻）、貼（贴）、買（买）、貿（贸）、軻（轲）、軺（轺）、軸（轴）、鈕（钮）、鈣（钙）、鈔（钞）、鈞（钧）、鈍（钝）、閔（闵）、開（开）、閑（闲）、閒（闲）、間（间）、雲（云）、項（项）、順（顺）、須（须）、馮（冯）、馭（驭）、賁（贲）

十三畫之部

傲、催、僂、募、勤、嗜、嗔、嗓、嗣、圓、塞、塑、塘、塔、塡、嫁、媽、媳、嫂、嵯、嵩、廉、微、傜、意、想、感、惰、愚、愎、愓、愁、愆、愈、愉、揆、描、提、揖、換、揭、援、敬、斟、新、旒、暄、暗、暌、暋、暐、暑、暇、暖、椿、楦、椸、楙、楹、楣、楚、椰、楫、楷、楡、楴、歆、歇、殿、毓、渭、渲、渟、游、渡、湧、渥、渤、湅、渠、湄、渚、湮、湑、湛、湖、港、湘、減、溫、湎、渺、湜、渴、湝、渫、湍、湲、湫、渙、湊、渝、煮、煤、煁、煜、煆、煛、煕、照、煦、煖、煥、煌、猷、猴、琺、琮、琬、琛、琰、琶、琵、琴、琚、琪、琳、琦、琖、琨、琱、琥、琤、琲、晳、盟、睒、睫、睛、睦、睖、督、睬、睡、睢、碇、碎、碘、碁、祺、禁、禽、稟、稑、稙、稞、稗、稠、稚、筤、筠、筲、筥、筳、筵、筱、筦、粲、綠、絻、綖、絺、羡、群、聖、聘、肆、肄、脫、脩、舅、艇、莎、莞、莘、莨、荸、莆、莫、莒、莩、荽、莓、莉、莪、荷、荻、蜃、蜀、蜂、蜑、蜓、衙、裕、裙、裘、裡、裝、裔、裊、裡、解、誇、詹、賈、跟、跫、跳、躲、辟、送、迷、逆、迴、追、逅、迺、郊、邽、郅、郁、郲、郇、邸、部、酬、鉅、陀、阿、附、雍、睢、雌、雉、雒、雷、零、雹、靖、靶、靳、鼎、鼓、鼠、（乱）、傳（传）、僉（佥）、僅（仅）、傾（倾）、傷（伤）、勢（势）、勣（绩）、匯（汇）、嗇（啬）、園（园）、塗（涂）、塊（块）、奧（奥）、嫋（袅）、幹（干）、廈（厦）、彙（汇）、徬（彷）、惲（恽）、惻（恻）、愛（爱）、揮（挥）、揚（扬）、暉（晖）、暘（旸）、會（会）、極（极）、楊（杨）、楨（桢）、業（业）、楓（枫）、歲（岁）、渾（浑）、測（测）、湯（汤）、渦（涡）、煉（炼）、煒（炜）、煬（炀）、煙（烟）、爺（爷）、當（当）、盞（盏）、碌（碌）、祿（禄）、稜（棱）、竫（竫）、給（给）、經（经）、絹（绢）、綏（绥）、義（义）、肅（肃）、與（与）、莖（茎）、莧（苋）、莊（庄）、號（号）、虞（虞）、補（补）、詳（详）、該（该）、試（试）、詩（诗）、詡（诩）、詰（诘）、話（话）、詢（询）、詮（诠）、詣（诣）、資（资）、較（较）、軾（轼）、載（载）、輊（轾）、農（农）、鉉（铉）、鈺（钰）、鉍（铋）、鉰（铜）、鉦（钲）、鉞（钺）、鉀（钾）、鈿（钿）、鉛（铅）、鉑（铂）、鈴（铃）、雋（隽）、電（电）、預（预）、項（项）、頑（顽）、頓（顿）、頎（颀）、頒（颁）、頌（颂）、飭（饬）、飲（饮）、飯（饭）、馳（驰）、馱（驮）、馴（驯）、鳩（鸠）

十四畫之部

僧、僮、僩、僖、僭、僚、像、僎、兢、嘉、境、塾、墉、墅、夥、嫡、嫣、嫩、媏、嫚、察、嶂、幛、幕、幔、廓、廖、彰、愫、慈、愿、慇、慎、截、旗、旖、暠、榕、槎、槊、榜、榔、榷、榫、榴、榭、槔、槐、槃、歌、溶、溓、溠、源、溯、溢、滂、溟、溏、溱、溥、溧、滋、溷、溦、滔、溪、滕、滎、準、溲、滇、滃、熇、熒、熅、熏、犒、猿、瑄、瑟、瑕、瑚、瑛、瑁、瑞、瑗、瑀、瑙、瑜、甄、睡、睽、睿、碧、碟、碳、褉、福、禋、禖、禔、禓、褌、種、竭、端、箔、管、箜、箐、算、箏、箠、粹、精、粽、綷、綦、緅、緎、緊、緇、置、翠、翡、翟、聚、肇、腔、腕、臺、舞、艋、萍、菏、菠、菹、萻、菅、菀、菩、萃、菸、菼、菶、荊、菡、菲、菁、菱、萁、菆、菘、菰、菟、菖、萌、菽、菜、菊、菉、菔、萄、萘、萑、萆、菑、蜜、裧、蜻、蜚、裳、裹、裼、裴、裯、裨、誌、誓、豪、貌、赫、踅、通、逋、逗、速、逕、逐、逍、逡、造、透、逢、逖、途、郎、郡、郝、郢、郜、郗、酷、鋈、銑、銚、閣、限、陌、雒、需、鞅、韶、颭、髦、魁、麼、鼻、署、僥（侥）、僕（仆）、僑（侨）、劃（划）、匱（匮）、嘗（尝）、嘆（叹）、團（团）、墊（垫）、塵（尘）、壽（寿）、夢（梦）、獎（奖）、奪（夺）、寧（宁）、實（实）、對（对）、嶄（崭）、嶇（岖）、幗（帼）、愷（恺）、態（态）、暢（畅）、榮（荣）、構（构）、槍（枪）、滎（荥）、溼（湿）、滄（沧）、爾（尔）、獅（狮）、琿（珲）、犖（荦）、瑋（玮）、盡（尽）、監（监）、碩（硕）、碭（砀）、禕（祎）、禎（祯）、稱（称）、窩（窝）、箋（笺）、綜（综）、綻（绽）、綣（绻）、綾（绫）、網（网）、綱（纲）、綺（绮）、綴（缀）、緊（紧）、綽（绰）、綬（绶）、緋（绯）、綠（绿）、綢（绸）、維（维）、綸

（纶）、聞（闻）、萇（苌）、華（华）、萊（莱）、製（制）、說（说）、誦（诵）、語（语）、認（认）、誡（诫）、誨（诲）、誥（诰）、誕（诞）、賓（宾）、趙（赵）、趕（赶）、輔（辅）、輒（辄）、輕（轻）、這（这）、連（连）、郤（郄）、銀（银）、銅（铜）、銦（铟）、銚（铫）、銘（铭）、銓（铨）、銫（铯）、銖（铢）、閨（闺）閩（闽）、閣（阁）、閥（阀）、頗（颇）、領（领）、颯（飒）、飴（饴）、飽（饱）、駟（驷）、鳶（鸢）、鳴（鸣）、鳳（凤）、齊（齐）、戩（戬）

十五畫之部

德、瑰、瑱、畿、皜、皞、磅、磁、磊、禛、稼、稿、稽、稷、稻、稹、箭、箱、箴、篆、篁、篇、翦、翥、翩、耦、落、萱、葶、葹、葫、葳、葛、葸、萼、葺、葡、董、萩、葩、萸、葆、萹、蒂、虢、蝴、蝶、褚、褐、褓、褕、褒、趣、輘、逵、逴、逸、部、郭、郯、郴、醇、醉、院、陛、除、陜、霂、震、霄、霆、霈、靠、鞍、鞋、髯、魄、黎、鼐、儇、僾、儋、凜、增、墩、墨、履、嶡、嶓、慷、慵、慧、慰、慕、慣、慢、摘、摩、摯、敷、暮、樟、模、毅、漾、演、漳、滴、漉、漩、漓、漕、漱、漂、漆、漠、漫、漪、溉、潁、熟、熯、熠、影、幢、寮、廚、樊、頤、興（兴）、瑩（莹）、瑪（玛）、瑤（瑶）、節（节）、儀（仪）、億（亿）、價（价）、儂（侬）、儉（俭）、劇（剧）、劉（刘）、劍（剑）、厲（厉）、嘯（啸）、嬈（娆）、嫺（娴）、嬋（婵）、嫵（妩）、嬌（娇）、寬（宽）、審（审）、寫（写）、層（层）、嶠（峤）、幣（币）、廟（庙）、廣（广）、廠（厂）、彈（弹）、徹（彻）、徵（征）、慶（庆）、慮（虑）、慾（欲）、數（数）、樣（样）、樁（桩）、標（标）、樞（枢）、樓（楼）、槳

（桨）、樂（乐）、樑（梁）、歐（欧）、漲（涨）、滸（浒）、漣（涟）、漸（渐）、漢（汉）、滿（满）、漁（渔）、滌（涤）、滬（沪）、漿（浆）、熱（热）、犛（牦）、瑯（琅）、滾（滚）、皚（皑）、盤（盘）、磐（盘）、確（确）、碼（码）、範（范）、穀（谷）締（缔）、緯（纬）、練（练）、緒（绪）、緗（缃）、緘（缄）、緹（缇）、緦（缌）、緩（缓）、緣（缘）、線（线）、葵（葵）、緲（缈）、緻（致）、緞（缎）、編（编）、緬（缅）、腦（脑）、舖（铺）、葦（苇）、著（着）、萬（万）、葉（叶）、萵（莴）、莊（茳）、蝦（虾）、衝（冲）、褘（袆）、複（复）、誼（谊）、諄（谆）、談（谈）、諒（谅）、請（请）、課（课）、調（调）、論（论）、豎（竖）、賦（赋）、賣（卖）、賢（贤）、賞（赏）、賜（赐）、質（质）、輦（辇）、輝（辉）、輩（辈）、輜（辎）、輪（轮）、週（周）、進（进）、郵（邮）、銳（锐）、鋪（铺）、銷（销）、鋰（锂）、鋁（铝）、鋌（铤）、鋒（锋）、閱（阅）、陣（阵）、陞（升）、靚（靓）、鞏（巩）、頡（颉）、養（养）、駝（驼）、駐（驻）、駕（驾）、駛（驶）、駒（驹）、駟（驷）、髮（发）、魯（鲁）、齒（齿）、嶔（嵚）

十六畫之部

雕、陪、陵、儒、陶、霖、霏、霍、霓、靛、燕、叡、器、噲、圜、壁、凝、憧、衡、衛、憨、熹、憬、彊、寰、撰、撒、暹、暨、樽、整、曈、潼、澈、澄、澎、潭、潮、潞、潘、澔、燐、燊、燏、熷、燔、燃、璋、璇、璃、璈、瑾、璆、璀、璁、瑽、磨、磧、磬、穌、穆、篙、糖、縑、縢、縕、縝、翰、膏、臻、蒲、蓉、蒹、蒴、蒙、蒿、蓄、蓁、蒸、蒯、蓓、蒨、融、穀、都、鄂、醐、醍、醒、辨、道、遂、黔、諠、豫、餐、樵、遐、遇、橡、儐（傧）、儕（侪）、儘（尽）、冪（幂）、勳（勋）、墾（垦）、奮（奋）、嬙（嫱）、嬛、嬡（嫒）、學（学）、導（导）、憑（凭）、憐（怜）、憲（宪）、戰（战）、撫（抚）、曉（晓）、曆（历）、曄（晔）、橈（桡）、樹（树）、樺（桦）、樸（朴）、橋（桥）、機（机）、歷（历）、潔（洁）、潛（潜）、潤（润）、熾（炽）、燈（灯）、璉（琏）、盧（卢）、禦（御）、積（积）、穎（颖）、篤（笃）、築（筑）、縈（萦）、縉（缙）、縣（县）、舉（举）、蓋（盖）、衛（卫）、蓀（荪）、蒼（苍）、螢（萤）、親（亲）、諮（谘）、諦（谛）、諺（谚）、諱（讳）、諸（诸）、謀（谋）、諾（诺）、諧（谐）、諼（谖）、諭（谕）、豬（猪）、賴（赖）、辦（办）、運（运）、遊（游）、達（达）、過（过）、錠（锭）、錡（锜）、錢（钱）、鋼（钢）、錩（锠）、錕（锟）、錮（锢）、錚（铮）、錄（录）、錘（锤）、錐（锥）、錦（锦）、錫（锡）、閣（阁）、陸（陆）、陳（陈）、陰（阴）、霑（沾）、靜（静）、頭（头）、頻（频）、餘（余）、駱（骆）、駢（骈）、鮑（鲍）、鴦（鸯）、鴛（鸳）、龍（龙）、龜（龟）、壇（坛）

十七畫之部

冀、壑、嶽、徽、懂、懋、憾、擅、擘、擎、撼、曖、檀、檗、檠、檜、澶、濂、澡、澧、澮、澥、激、澣、燧、燮、璘、璟、璞、璐、璠、皤、盪、瞵、瞳、瞰、瞭、磲、磾、磻、礁、禧、穗、簇、篷、篠、縻、縝、縻、縲、繁、罄、羲、翳、蔻、蔟、蔗、蔚、褶、褱、褵、謇、謄、谿、豳、蹇、遺、遙、鍪、鍵、鍊、闆、隍、隋、隆、霙、霜、霞、鞠、麋、黛、龠、蓼、蔓、蔡、蔔、蓬、賾、償（偿）、優（优）、勵（励）、嬰（婴）、嬪（嫔）、嶸（嵘）、嶺（岭）、嶼（屿）、幫（帮）、彌（弥）、憶（忆）、應（应）、懇（恳）、戲（戏）、擊（击）、擁（拥）、據（据）、擇（择）、擔（担）、檉（柽）、檔（档）、檢（检）、檜（桧）、澱（淀）、濃（浓）、澠（渑）、澤（泽）、濁（浊）、澳（澳）、澮（浍）、營（营）、燭（烛）、燦（灿）、牆（墙）、獨（独）、璜（璜）、璣（玑）、磺（磺）、磯（矶）、禪（禅）、篳（筚）、績（绩）、總（总）、縱（纵）、聳（耸）、聰（聪）、聯（联）、膠（胶）、膚（肤）、臨（临）、謙（谦）、縹（缥）、繆（缪）、縷（缕）、縵（缦）、謐（谧）、講（讲）、謠（谣）、謝（谢）、賽（赛）、趨（趋）、轄（辖）、轅（辕）、轀（辒）、輿（舆）、遠（远）、遜（逊）、鄖（郧）、鄒（邹）、遞（递）、鄔（邬）、鄉（乡）、鎂（镁）、鍍（镀）、錨（锚）、鍶（锶）、鍔（锷）、鍇（锴）、鍰（锾）、鍾（锺）、館（馆）、鍥（锲）、闊（阔）、闈（闱）、闌（阑）、隊（队）、陽（阳）、階（阶）、隸（隶）、雖（虽）、韓（韩）、騁（骋）、駿（骏）、鮮（鲜）、鴻（鸿）、鴿（鸽）、點（点）、齋（斋）、蓮（莲）、蔭（荫）、蔞（蒌）、蓽（荜）、蔣（蒋）、據（据）

十八畫之部

儱、彝、戴、旛、曜、曙、櫂、檬、濠、濛、濯、濞、濮、濰、燿、爵、璱、璧、璩、璨、瞿、礐、繐、繚、翻、繙、翼、膳、蕞、蕊、蕙、蕈、蕞、蕃、蕉、蟠、襌、覆、蹤、蹟、邀、鄣、鄘、鄠、鄢、鄞、隔、釐、鎷、鎗、題、顓、馥、騄、魏、鯉、儵、曙、襚、蕭（萧）、儲（储）、叢（丛）、壘

（垒）、嬸（婶）、擬（拟）、斷（断）、檸（柠）、櫃（柜）、濘（泞）、檳（槟）、歸（归）、濱（滨）、濟（济）、濤（涛）、濬（浚）、瀰（沵）、燼（烬）、璫（珰）、環（环）、璦（瑷）、礎（础）、禮（礼）、穠（秾）、穡（穑）、簡（简）、簞（箪）、簣（篑）、糧（粮）、繞（绕）、繕（缮）、織（织）、繡（绣）、職（职）、聶（聂）、舊（旧）、蕩（荡）、蕓（芸）、蕘（荛）、蕪（芜）、蕎（荞）、蟬（蝉）、覲（觐）、蟲（虫）、觴（觞）、謫（谪）、謹（谨）、謨（谟）、謬（谬）、豐（丰）、轉（转）、適（适）、醫（医）、鎔（镕）、鎵（镓）、鎰（镒）、鎊（镑）、鎬（镐）、鎖（锁）、鎧（铠）、鎢（钨）、鎮（镇）、闕（阙）、闖（闯）、闓（闿）、雞（鸡）、雛（雏）、雙（双）、額（额）、顎（颚）、騎（骑）、騏（骐）、顏（颜）、鯊（鲨）、鵑（鹃）、鵠（鹄）、鵝（鹅）、翺（翱）

十九畫之部

瓈、嚮、嬿、攀、櫓、瀑、爆、瓀、璿、疆、穧、簿、簷、繫、繯、薄、蘊、薪、薏、薙、蕾、薆、薝、薊、薛、薇、襛、譔、遵、遴、鄯、鄱、鏡、鬍、鵰、麒、麓、壟（垄）、寵（宠）、廬（庐）、擴（扩）、擷（撷）、曠（旷）、瀋（沈）、擺（摆）、瀅（滢）、濾（滤）、瀏（浏）、櫚（榈）、濼（泺）、爍（烁）、璽（玺）、疇（畴）、癡（痴）、礙（碍）、禱（祷）、穫（获）、穩（稳）、簾（帘）、簽（签）、繭（茧）、繹（绎）、繳（缴）、繪（绘）、薦（荐）、薔（蔷）、薈（荟）、蟻（蚁）、譜（谱）、識（识）、證（证）、譚（谭）、譖（谮）、贊（赞）、轍（辙）、轎（轿）、辭（辞）、遲（迟）、選（选）、遷（迁）、遼（辽）、遺

（遺）、鄭（郑）、鄰（邻）、鄧（邓）、鄲（郸）、鏞（镛）、鏈（链）、鏢（镖）、鏗（铿）、鏐（镠）、鏤（镂）、關（关）、際（际）、離（离）、難（难）、霧（雾）、靡（靡）、韞（韫）、韜（韬）、韻（韵）、類（类）、願（愿）、騖（骛）、鯨（鲸）、鯤（鲲）、鯛（鲷）、鵲（鹊）、麗（丽）、龐（庞）

二十畫之部

壤、孀、曦、瀛、瀚、籍、繻、耀、馨、藏、藉、譬、警、羅（罗）、嚴（严）、寶（宝）、懷（怀）、獻（献）、竇（窦）、藍（蓝）、瓊（琼）、勸（劝）、懸（悬）、競（竞）、爐（炉）、瀧（泷）、礦（矿）、礪（砺）、礫（砾）、礬（矾）、 瀕（濒）、籌（筹）、臏（膑）、艦（舰）、薩（萨）、薰（熏）、覺（觉）、觸（触）、議（议）、譯（译）、贏（赢）、邁（迈）、還（还）、鄴（邺）、釋（释）、鐘（钟）、闞（阚）、闡（阐）、飄（飘）、騫（骞）、騰（腾）、黨（党）、齡（龄）、繽（缤）

二十一畫之部

藩、蠡、藤、巍、攘、瀼、瀹、藕、藜、霸、露、魔、黯、儷（俪）、屬（属）、懺（忏）、攔（拦）、櫜（橐）、櫻（樱）、欄（栏）、瀾（澜）、瀲（潋）、瓏（珑）、籐（藤）、纊（纩）、纏（缠）、藝（艺）、藥（药）、覽（览）、護（护）、譽（誉）、轟（轰）、邈（邈）、鐵（铁）、鐸（铎）、鐶（镮）、鐲（镯）、鐫（镌）、闢（辟）、隨（随）、顥（颢）、顧（顾）、飆（飙）、饒（饶）、驃（骠）、驀（蓦）、驅（驱）、

驄（骢）、鶴（鹤）、鶯（莺）、鷂（鹞）、險（险）、隧（隧）、臘（腊）、蠟（蜡）

二十二畫之部

懿、孋、禳、穰、蘅、龢、藻、蘇（苏）、龔（龚）、蘋（苹）、囊（囊）、巒（峦）、彎（弯）、攝（摄）、權（权）、歡（欢）、灃（沣）、瓔（璎）、籟（籁）、聽（听）、藹（蔼）、藺（蔺）、蘆（芦）、蘊（蕴）、襲（袭）、讀（读）、邊（边）、酈（邝）、鑌（镔）、鑄（铸）、鑑（鉴）、鑒（鉴）、隱（隐）、響（响）、饗（飨）、驍（骁）、驊（骅）、驕（骄）、鰲（鳌）、鷗（鸥）

二十三畫之部

麟、黐、瓘、虆、鬘、巖（岩）、戀（恋）、攤（摊）、曬（晒）、欒（栾）、灑（洒）、灘（滩）、籥（钥）、纓（缨）、蘭（兰）、蘚（藓）、變（变）、鑣（镳）、鑽（锁）、鑠（铄）、顯（显）、驚（惊）、驛（驿）、驗（验）、體（体）、鱔（鳝）、鱒（鳟）、鱗（鳞）、鱘（鲟）、鷲（鹫）、鷺（鹭）、鷥（鸶）

二十四畫之部

贛、鑫、衢、艷（艳）、蠶（蚕）、壩（坝）、瓚（瓒）、矗（矗）、讓（让）、讕（谰）、讖（谶）、釀（酿）、隴（陇）、靄（霭）、靂（雳）、靈（灵）、韉（鞯）、鷹（鹰）、鹽（盐）、鹼（碱）、韆（千）、驟（骤）、鬢（鬓）、讒（谗）

二十五畫之部

矘、酆、蘼、廳（厅）、攬（揽）、籬（篱）、籮（箩）、纘（缵）、羈（羁）、蘺（蓠）、蘿（萝）、蠻（蛮）、觀（观）、躡（蹑）、鑲（镶）、鑭（镧）、鑰（钥）、靉（叆）、黌（黉）

二十六畫之部

酇、饟、灣（湾）、矚（瞩）、讚（赞）、邐（逦）、邏（逻）、酈（郦）

二十七畫之部

鑼（锣）、驤（骧）、鑾（銮）、纜（缆）、鑿（凿）、驥（骥）、鱷（鳄）、虉（虉）

二十八畫之部

豔（艳）、鸚（鹦）

二十九畫之部

鬱、驪（骊）、鸛（鹳）

三十畫之部

鸞（鸾）、鸝（鹂）

自己的貴人算算看

將自己與周遭親朋好友的姓名填入，算出筆畫、宮位與數字，再配合書中的說明，實際演算一下，找出自己的貴人！

自己的姓名

筆畫	姓名	宮位與數字
	1	環境
		心境
		情境
		處境

親友的姓名

筆畫	姓名	宮位與數字
	1	環境
		心境
		情境
		處境

磁場自我解析

自己的姓名

筆畫	姓名	宮位與數字
	1	環境
		心境
		情境
		處境

親友的姓名

筆畫	姓名	宮位與數字
	1	環境
		心境
		情境
		處境

磁場自我解析

自己的姓名		
筆畫	姓名	宮位與數字
	1	環境
		心境
		情境
		處境

親友的姓名		
筆畫	姓名	宮位與數字
	1	環境
		心境
		情境
		處境

磁場自我解析

自己的姓名

筆畫	姓名	宮位與數字
	1	環境
		心境
		情境
		處境

親友的姓名

筆畫	姓名	宮位與數字
	1	環境
		心境
		情境
		處境

磁場自我解析

自己的姓名

筆畫	姓名	宮位與數字
	1	環境
		心境
		情境
		處境

親友的姓名

筆畫	姓名	宮位與數字
	1	環境
		心境
		情境
		處境

磁場自我解析

自己的姓名

筆畫　姓名　宮位與數字

1

環境

心境

情境

處境

親友的姓名

筆畫　姓名　宮位與數字

1

環境

心境

情境

處境

磁場自我解析

自己的姓名

筆畫　姓名　宮位與數字

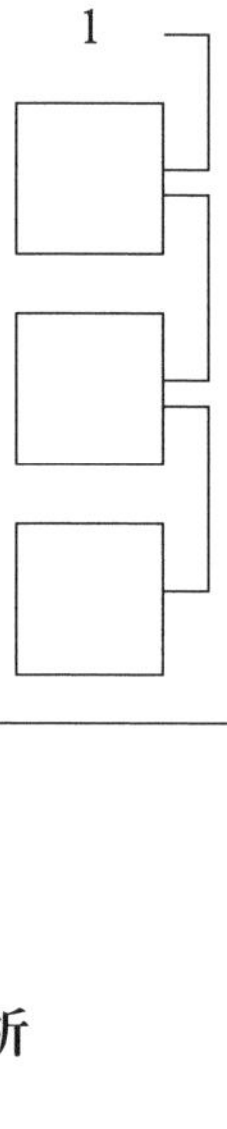

環境

心境

情境

處境

親友的姓名

筆畫　姓名　宮位與數字

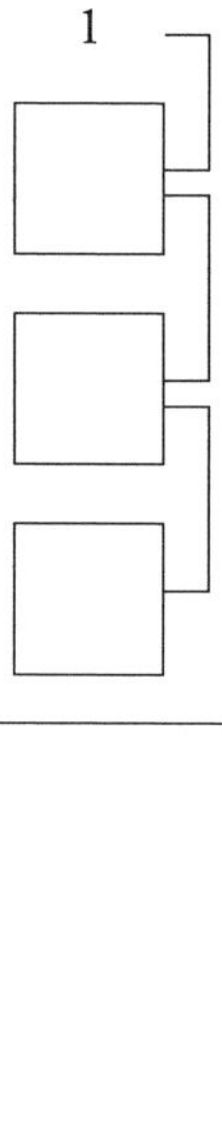

環境

心境

情境

處境

磁場自我解析

自己的姓名

筆畫　姓名　宮位與數字

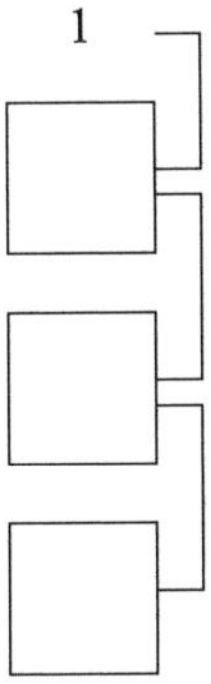

環境

心境

情境

處境

親友的姓名

筆畫　姓名　宮位與數字

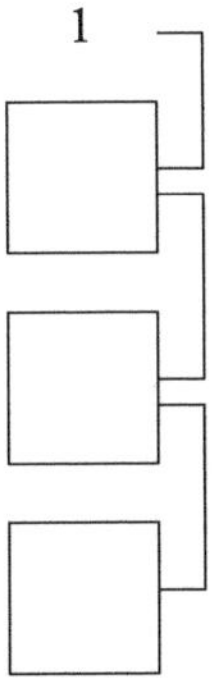

環境

心境

情境

處境

磁場自我解析

自己的姓名

筆畫	姓名	宮位與數字
	1	環境
		心境
		情境
		處境

親友的姓名

筆畫	姓名	宮位與數字
	1	環境
		心境
		情境
		處境

磁場自我解析

自己的姓名

筆畫　姓名　宮位與數字

1

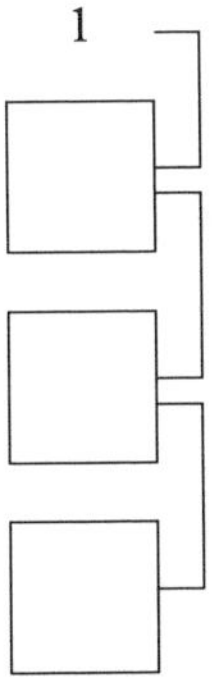

環境

心境

情境

處境

親友的姓名

筆畫　姓名　宮位與數字

1

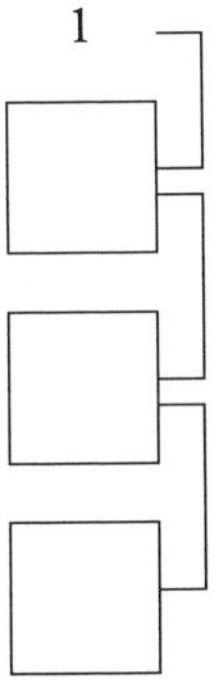

環境

心境

情境

處境

磁場自我解析

貴人磁場學

國家圖書館出版品預行編目資料

貴人磁場學／陳治平著 .-- 初版 .-- 臺北市：商周出版：家庭傳媒城邦分公司發行，民 103.09
面； 公分
ISBN 978-986-272-656-3 （平裝）
1. 姓名學 2. 命相
293.3 103017261

作　　者／陳治平
責任編輯／張曉蕊
校　　對／吳淑芳
版　　權／黃淑敏、 翁靜如
行銷業務／周佑潔、 張倚禎

總 編 輯／陳美靜
總 經 理／彭之琬
發 行 人／何飛鵬
法律顧問／台英國際商務法律事務所 羅明通律師
出　　版／商周出版
臺北市 104 民生東路二段 141 號 9 樓
電話：(02) 2500-7008 傳真：(02) 2500-7759
E-mail: bwp.service @ cite.com.tw
發　　行／英屬蓋曼群島商家庭傳媒股份有限公司 城邦分公司
出　　版／臺北市 104 民生東路二段 141 號 2 樓
讀者服務專線：0800-020-299 24 小時傳真服務：(02) 2517-0999
讀者服務信箱 E-mail: cs@cite.com.tw
劃撥帳號：19833503 戶名：英屬蓋曼群島商家庭傳媒股份有限公司城邦分公司
訂購服務／書虫股份有限公司客服專線：(02) 2500-7718；2500-7719
服務時間：週一至週五上午 09:30-12:00；下午 13:30-17:00
24 小時傳真專線：(02) 2500-1990；2500-1991
劃撥帳號：19863813 戶名：書虫股份有限公司
E-mail: service@readingclub.com.tw
香港發行所／城邦（香港）出版集團有限公司
香港灣仔駱克道 193 號東超商業中心 1 樓
E-mail: hkcite@biznetvigator.com
電話：(852) 25086231 傳真：(852) 25789337
馬新發行所／城邦（馬新）出版集團
Cite (M) Sdn. Bhd. (45837ZU)
11, Jalan 30D/146, Desa Tasik, Sungai Besi, 57000 Kuala Lumpur, Malaysia.
電話：(603) 9056-3833 傳真：(603) 9056-2833 E-mail: citekl@cite.com.tw

內文排版／綠貝殼資訊有限公司
印　　刷／鴻霖印刷傳媒有限公司
總 經 銷／高見文化行銷股份有限公司 新北市樹林區佳園路二段 70-1 號
電話：(02)2668-9005 傳真：(02)2668-9790 客服專線：0800-055-365
行政院新聞局北市業字第 913 號

■ 2014 年 (民 103) 9 月初版
定價 399 元

ISBN 978-986-272-656-3

城邦讀書花園
www.cite.com.tw

商周出版

廣告回函
北區郵政管理登記證
台北廣字第000791號
郵資已付，免貼郵票

104台北市民生東路二段 141 號 2 樓

英屬蓋曼群島商家庭傳媒股份有限公司

城邦分公司　收

請沿虛線對摺，謝謝！

商周出版

書號：BO0212　**書名：**貴人磁場學　**編碼：**

請於此處用膠水黏貼

商周出版

讀者回函卡

感謝您購買我們出版的書籍！請費心填寫此回函卡，我們將不定期寄上城邦集團最新的出版訊息。

不定期好禮相贈！
立即加入：商周出
Facebook 粉絲團

姓名：＿＿＿＿＿＿＿＿＿＿＿＿＿＿＿＿ 性別：☐男 ☐女

生日：西元＿＿＿＿＿＿年＿＿＿＿＿＿月＿＿＿＿＿＿日

地址：＿＿＿＿＿＿＿＿＿＿＿＿＿＿＿＿＿＿＿＿

聯絡電話：＿＿＿＿＿＿＿＿＿＿ 傳真：＿＿＿＿＿＿＿＿＿＿

E-mail：

學歷：☐ 1. 小學 ☐ 2. 國中 ☐ 3. 高中 ☐ 4. 大學 ☐ 5. 研究所以上

職業：☐ 1. 學生 ☐ 2. 軍公教 ☐ 3. 服務 ☐ 4. 金融 ☐ 5. 製造 ☐ 6. 資訊
☐ 7. 傳播 ☐ 8. 自由業 ☐ 9. 農漁牧 ☐ 10. 家管 ☐ 11. 退休
☐ 12. 其他＿＿＿＿＿＿＿＿＿＿＿＿＿＿＿＿

您從何種方式得知本書消息？

☐ 1. 書店 ☐ 2. 網路 ☐ 3. 報紙 ☐ 4. 雜誌 ☐ 5. 廣播 ☐ 6. 電視
☐ 7. 親友推薦 ☐ 8. 其他＿＿＿＿＿＿＿＿＿＿＿＿

您通常以何種方式購書？

☐ 1. 書店 ☐ 2. 網路 ☐ 3. 傳真訂購 ☐ 4. 郵局劃撥 ☐ 5. 其他＿＿＿＿

您喜歡閱讀那些類別的書籍？

☐ 1. 財經商業 ☐ 2. 自然科學 ☐ 3. 歷史 ☐ 4. 法律 ☐ 5. 文學
☐ 6. 休閒旅遊 ☐ 7. 小說 ☐ 8. 人物傳記 ☐ 9. 生活、勵志 ☐ 10. 其他

對我們的建議：＿＿＿＿＿＿＿＿＿＿＿＿＿＿＿＿＿＿＿＿

＿＿＿＿＿＿＿＿＿＿＿＿＿＿＿＿＿＿＿＿

＿＿＿＿＿＿＿＿＿＿＿＿＿＿＿＿＿＿＿＿

【為提供訂購、行銷、客戶管理或其他合於營業登記項目或章程所定業務之目的，城邦出版人集團（即英屬蓋曼群島商家庭傳媒（股）公司城邦分公司、城邦文化事業（股）公司），於本集團之營運期間及地區內，將以電郵、傳真、電話、簡訊、郵寄或其他公告方式利用您提供之資料（資料類別：C001、C002、C003、C011 等）。利用對象除本集團外，亦可能包括相關服務的協力機構。如您有依個資法第三條或其他需服務之處，得致電本公司客服中心電話 02-25007718 請求協助。相關資料如為非必要項目，不提供亦不影響您的權益。】

1.C001 辨識個人者：如消費者之姓名、地址、電話、電子郵件等資訊。
2.C002 辨識財務者：如信用卡或轉帳帳戶資訊。
3.C003 政府資料中之辨識者：如身分證字號或護照號碼（外國人）。
4.C011 個人描述：如性別、國籍、出生年月日。

請於此處用膠水黏貼